23/44 .

964526

Wittgenstein

ANTROPOLOGÍA DE WITTGENSTEIN
Reflexionando con P. M. S. Hacker

Jesús Padilla Gálvez (ed.)

ANTROPOLOGÍA DE WITTGENSTEIN
Reflexionando con P. M. S. Hacker

Artículos de:

P. M. S. Hacker
Vicente Sanfélix Vidarte
Alejandro Tomasini Bassols
Lars Hertzberg
Magdalena Holguín
Witold Jacorzynski
Javier Sádaba
Jesús Padilla Gálvez

Primera edición: 2011

© Jesús Padilla Gálvez, 2011
© Plaza y Valdés Editores

Plaza y Valdés S. L.
Calle Murcia, 2. Colonia de los Ángeles.
28223, Pozuelo de Alarcón.
Madrid (España)
☎: (34) 918625289
e-mail: madrid@plazayvaldes.com
www.plazayvaldes.es

Plaza y Valdés, S. A. de C. V.
Manuel María Contreras, 73. Colonia San Rafael.
06470, México, D. F. (México)
☎: (55) 5097 20 70
e-mail: editorial@plazayvaldes.com
www.plazayvaldes.com.mx

ISBN: 978-84-92751-95-2
D. L.: NA-3251/2010

Impresión: Ulzama Digital

ÍNDICE

ÍNDICE

REFLEXIONANDO SOBRE LA ANTROPOLOGÍA EN WITTGENSTEIN

Jesús Padilla Gálvez

Este libro surge a raíz de la conferencia presentada por el profesor P. M. S. Hacker, de la Universidad de Oxford, en la Universidad de Castilla-La Mancha, durante el congreso internacional organizado sobre la propuesta antropológica de L. Wittgenstein. Después de su conferencia propuse traducir su trabajo titulado «Wittgenstein's Anthropological and Ethnological Approach» al castellano para acercarlo al lector de habla hispana. Al mismo tiempo, pedí a algunos compañeros que comentasen críticamente dicha propuesta. Esta petición se hizo extensiva a Alejandro Tomasini Bassols (UNAM), que la propuso, a su vez, a otros colegas que sucumbieron gustosamente a dicha sugerencia. Este libro nace pues del espíritu de una afinidad electiva. Es, por tanto, un lugar de encuentro de reflexiones y profusas escrituras sobre un tema recurrente que se concentran alrededor de un autor original que a su vez es uno de los intérpretes más profundos de la obra de L. Wittgenstein: P. M. S. Hacker.

Una escueta introducción del profesor P. M. S. Hacker invocaría los siguientes rasgos filosóficos: primeramente, estamos ante un insigne intérprete de la filosofía de L. Wittgenstein; además es considerado un exponente agudo de la filosofía del lenguaje; asimismo es un gran conocedor de los problemas de la filosofía de la mente; por otra parte, se valora su erudición profunda de la historia de la corriente analítica; y, probablemente la faceta menos conocida, posee una gran sensibilidad para cuestiones que conciernen al arte y a la teoría del arte.

Comencemos por la pasión ignota que nos pueden revelar los rasgos más relevantes de nuestro filósofo. En su bibliografía encontramos dos trabajos reservados que no han sido tenidos en cuenta en la reciente *Festschrift* dedicada al profesor Hacker. Se trata de la publicación de una monografía sobre temas vinculados a cuestiones de índole estética y dos catálogos comentados de dos artistas disímiles: Stanley William Hayter y Roger Vieillard. Ambos tienen en común el uso de la técnica del huecograbado. El huecograbado es una técnica de impresión en la cual las imágenes son transferidas al papel a partir de una superficie cuyas depresiones contienen tinta. En R. Vieillard, el estilo de los grabados es esencialmente *lineal*, moviéndose hacia la investigación del *claroscuro*, las *formas abstractas* y los *espacios ambiguos*. Por todos es conocido el interés del análisis perceptivo por la distinción entre apariencia y realidad. Creo que esta afinidad encaja perfectamente en las inclinaciones filosóficas de nuestro autor y que podrían ser expuestas del siguiente modo: técnicamente sofisticado, interesado por la ambigüedad entre la apariencia y la realidad.

Desde dicha perspectiva podemos formular la siguiente cuestión: ¿por qué L. Wittgenstein? La pregunta podría ser resuelta fácilmente, lo que nos llevaría de nuevo a una solución aparente. L. Wittgenstein se ha convertido en un referente ineludible por su capacidad de abstracción. Su obra fascina por su escritura fragmentaria en la que los esbozos son sumamente sugerentes y permiten al lector su desarrollo. Todo lector queda prendido por sus extraordinarias metáforas y los símiles que emplea nuestro filósofo austro-británico. Seguramente, pocos intérpretes de la obra de este autor hayan realizado una tarea tan sistemática como P. M. S. Hacker. Sus libros y trabajos se han convertido en referencias ineludibles para entender a Wittgenstein. Sus lecturas del fragmento y sus interpretaciones han suscitado muchas discusiones. Las que se publican aquí demuestran el nivel reflexivo que generan sus propuestas.

En el trabajo del profesor Hacker se trazan las líneas maestras del pensamiento del Wittgenstein intermedio. El título del trabajo del profesor Hacker usa el sustantivo «*approach*» para caracterizar la propuesta antropológica y etnológica de L. Wittgenstein. El término se refiere en nuestra lengua a «enfoque», «propuesta», «solicitud», «petición», «acercamiento» o «acceso». Se ha optado por traducir *approach* por «enfoque», teniendo en cuenta que se dirige la atención hacia un asunto o problema desde unos supuestos previos, para tratar de resolverlo de forma acertada. El término «enfoque» suscita varias nociones heterogéneas. Todo enfoque examina las consecuencias que producen ciertos usos terminológicos causantes de problemas y confusiones conceptuales y gramaticales. Nuestro autor se encarga de ir poniendo en su lugar susodichos embrollos. En el primer apartado de su trabajo acerca del método etnológico, el profesor Hacker apunta a la relación que habría entre el primer y el segundo Wittgenstein, y en qué consistiría la novedad metodológica de este último, no sólo con respecto a sus planteamientos previos, sino con respecto a la tradición filosófica en general. Su tesis central es que, entre 1929 y 1931, Wittgenstein habría cambiado su visión de la filosofía misma de modo tal que pensaría ahora que ya no caben los grandes filósofos, como en el pasado, sino sólo los pensadores hábiles. Para ello, despliega su tesis de la autonomía de la gramática. Según dicho punto de vista, la gramática no estaría sometida a la realidad ni es susceptible de corrección por parte de los hechos. Seguidamente, analiza la constitución conceptual en el marco de dicha gramática. Se plantea hasta qué punto compartimos los conceptos que usamos en nuestro enfoque antropológico. Posteriormente, compara y rebate desde el punto de vista wittgensteiniano tres métodos asentados en la filosofía actual. Por un lado, refuta el platonismo y su versión esencialista *a priori*; por otro, el esencialismo *a posteriori*; y, finalmente, el naturalismo quineano. El trabajo incide en la preocupación dominante de su autor por la obra tardía de L. Wittgenstein.

Wittgenstein había alterado su visión de la filosofía en torno a 1931. Dicha transformación se llevó a cabo por dos caminos diferentes: mediante la rectificación y por evolución. Ciertamente, conserva algunos planteamientos y puntos de vista pero, en general, lo más relevante tiene que ver con su viraje. De los muchos problemas que ejercitaron la perspicacia de Wittgenstein, ninguno tan extraño como las reflexiones acerca de las descripciones antropológicas propuestas por Frazer. Sus anotaciones son tan sutiles que son propensas a múltiples lecturas: como viraje en sus planteamientos, como ensayos de un nuevo método, como crítica, como desarrollo de su punto de vista, etc. Exponer cada una de las interpretaciones desarrolladas al respecto superaría con creces el volumen de notas dejadas por nuestro autor.

En las réplicas que se publican en este volumen serán introducidas someramente en esta introducción. Comienza Vicente Sanfélix Vidarte preguntándose acerca de las líneas maestras sobre las que se asienta la distinción más importante entre el *Tractatus logico-philosophicus* y las *Investigaciones filosóficas*. Desde su punto de vista, su primera obra nos suministra una metafísica basada en la lógica y presenta una condena de las pseudo-proposiciones de la metafísica por insensatas y de las proposiciones lógicas por ser carentes de sentido. Consecuentemente, para este autor, la filosofía wittgensteiniana constaría sólo de lógica y metafísica. Las *Investigaciones filosóficas* pueden ser consideradas a su vez como una continuidad y una ruptura. Define que la concepción general de la filosofía se mantiene inalterada. La denominada «segunda filosofía» se debería entender como la aplicación del método correcto del primer periodo y que no fue aplicado a su primera gran obra. Así pues, sobrepone una nueva crítica a la dimensión metafísica. El autor entiende que L. Wittgenstein ha ido desarrollando un historicismo sin historia y una etnología sin etnografía. V. Sanfélix Vidarte indica que la utilidad de esta «etnología fantástica» ayuda a ganar una visión sinóptica de la gramática de nuestros conceptos.

A continuación, Alejandro Tomasini Bassols discurre acerca de la filosofía de la antropología y la antropología filosófica en Wittgenstein. El autor reflexiona alrededor de dos cuestiones inquietantes: primero, cuál es la plataforma sobre la que se elabora la antropología filosófica, y segundo, si realmente puede plausiblemente sostenerse que la obra de Wittgenstein contiene, implícita o explícitamente, una antropología filosófica. Para nuestro autor lo más relevante fue que Wittgenstein descubrió lo que denomina el «universo del lenguaje». Por esta razón, el lenguaje se convierte en el eje que permite dar cuenta del pensamiento y la acción. Por ello, la plataforma antropológica desarrollada por Wittgenstein es la más fundamental. El autor desarrolla una serie de implicaciones y discute con Hacker el valor de esta nueva plataforma y su relevancia para la filosofía.

En el siguiente trabajo, Lars Hertzberg examina el modo en que Hacker analiza los conceptos. Repasa la distinción «analítico/sintético» y el «historicismo sin historia» propuesto por Wittgenstein. Su reflexión se para en el lugar mismo en el que Hacker habla acerca de los conceptos como si fueran el *producto* de la interacción social. Desde su punto de vista, la forma de enunciar la temática es susceptible de generar una cierta confusión. Por ello lleva a cabo una serie de consideraciones puntuales con el fin de superar ciertas ambigüedades. En su trabajo saca algunas conclusiones de la propuesta según la cual la filosofía delinea la geografía lógica de aquellas partes del paisaje conceptual en el que estamos inclinados a perdernos.

Seguidamente, Magdalena Holguín toma la palabra para reflexionar acerca de la antropología, o lo que denomina «historia natural». Desde su punto de vista, Hacker justifica los calificativos de aproximación «antropológica» o «etnológica» con el fin de describir una nueva perspectiva para tratar los problemas conceptuales. El uso que hacemos los seres humanos de las palabras como parte de nuestras actividades, los juegos de lenguaje en los que participamos, puede considerarse como un hecho antropológico de la historia natural del hombre. En consecuencia, los conceptos serían considerados creaciones humanas. Por ello discute los siguientes pasos: primero, repasa el enfoque antropológico que carece de antropología, o de un enfoque etnológico sin etnología; segundo, no cree que Wittgenstein quiera proponer un enfoque antropológico para la disolución de las confusiones filosóficas sino que, más bien, oferta un nuevo método filosófico; tercero, le resulta complicado el uso que se hace de los términos «antropológico» y «etnológico» cuando se refiere a las formas de vida, y cuarto, si la intención de Hacker es la de mostrar la dependencia que tienen los conceptos y sus reglas de uso de algunos hechos muy generales de la historia natural de los hombres, entonces sería más pertinente hablar de una «naturalización» de la filosofía o, sencillamente, de naturalismo. Por ello, concluye que si se refiriese Hacker a la «historia natural» cumpliría la misma función que atribuye este autor al «enfoque antropológico y etnológico» y tendría la ventaja adicional de evitar ciertas interpretaciones problemáticas en Wittgenstein.

Acto seguido, Witold Jacorzynski reconsidera el enfoque etnológico de Wittgenstein. Para ello discute sistemáticamente los siguientes puntos. Primero, indaga acerca de la transición entre el *Tractatus* y las *Investigación Filosóficas* y acerca de por qué existe un creciente interés de Wittgenstein en el «enfoque *etnológico*». Desde su punto de vista, se debe a ciertas características claves de la segunda epistemología wittgensteiniana. Éstas tendrían que ver con las características de la segunda epistemología, a la que pertenecen el análisis conductual, la regularidad/uniformidad, la historicidad («sin historia»), la autonomía y la arbitrariedad de la gramática. Ciertamente, el «enfoque etnológico» permite ilustrar y comprender mejor las características de la gramática mencionadas arriba. Finalmente, el autor subraya que la función del enfoque etnológico ha de ser entendida como un complemento al análisis filosófico-conceptual (normatividad), mas no puede sustituirlo. A partir de estos puntos se van entrelazando los diferentes argumentos desarrollados por Hacker.

En su trabajo, Javier Sádaba reflexiona *in viva voce* sobre los puntos más inquietantes de la propuesta de Hacker. Si retornamos a lo que presenta Wittgenstein, entonces nos ofrece un esquema general desde el que interpretar nuestra actividad existencial sin que por ello se proponga describir historiográficamente los recorridos de la humanidad. Por esta razón, Wittgenstein es tan distante de las ciencias concretas. Las ciencias no le interesa-

ron de manera especial. Lo expuesto por Hacker requiere de ciertos matices que se encarga de perfilar ampliamente.

Finalmente, Jesús Padilla Gálvez, en sus observaciones sobre
la antropología de Wittgenstein, ubica el programa antropológico
en lo que podría denominarse una fenomenología epistemológica.
El núcleo central se podría caracterizar mediante el estudio del
análisis del lenguaje usado por la antropología. Descubre que para L. Wittgenstein el análisis del lenguaje natural sigue las mismas
pautas que el lenguaje matemático. Para ello, nuestro autor vienés
pone en relación la antropología y las matemáticas con el fin de
delimitar los problemas que atañen a esta ciencia. Esta nueva
epistemología que va generándose en sus apuntes se centra en
plantear cuestiones vinculadas a la regularidad, la autonomía y la
arbitrariedad de la gramática. Ahora bien, el autor conjetura que
el proyecto fenomenológico quedaría corto si analizase exclusivamente la gramática, ya que ésta carece de *perspicuidad*. Por esta
razón, el programa fenomenológico requiere de un análisis amplio cuyo programa se complemente con lo que L. Wittgenstein
denomina la «representación perspicua». Para la antropología, esta representación perspicua es, después de todo, lo que produce
el entendimiento de lo ajeno. Si no somos capaces de «ver las conexiones» que permiten a cada instante una cierta sinopsis, entonces es imposible desarrollar una conjunción adecuada de los
hechos que acaecen en la experiencia de lo ajeno. El autor se encarga de ofrecer un modelo general en el que se asientan sus reflexiones acerca de la antropología en Wittgenstein.

El libro termina con la publicación de una bibliografía completa y actualizada de P. M. S. Hacker y una lista de abreviaciones
de las obras de L. Wittgenstein desarrolladas por el editor. Los
lectores recibirán una fuente de datos y discusiones que puede
aportar algo de luz sobre cuestiones sistemáticas e históricas. Finalmente, deseo agradecer al profesor Hacker el permiso de traducción de su trabajo. Al profesor Tomasini Bassols, la traducción de los trabajos de P. M. S. Hacker y de Lars Hertzberg al
castellano. Mi agradecimiento más sincero se hace extensivo a los
autores que han puesto a disposición sus trabajos. Este libro sur-

ge como resultado del congreso internacional arriba indicado, por lo que es deudor de las ayudas del Ministerio de Ciencia e Innovación (FFI2009-05510-E), del Departamento de Investigación y Desarrollo de la Comunidad de Castilla-La Mancha (AEB-1501/09), de la Diputación de Toledo y la Obra Social de la Caja de Castilla-La Mancha, la Universidad de Castilla-La Mancha (PT20101950) y la Facultad de Ciencias Jurídicas y Sociales en Toledo. Es de esperar que la discusión que se ha desarrollado al respecto sea de gran interés para el lector de habla hispana.

EL ENFOQUE ANTROPOLÓGICO Y ETNOLÓGICO DE WITTGENSTEIN

P. M. S. Hacker
Universidad de Oxford

1. EL MÉTODO ETNOLÓGICO

En julio de 1949 Wittgenstein escribió: «Si usamos el enfoque etnológico, ¿significa eso que estamos diciendo que la filosofía es etnología? No, sólo significa que estamos adoptando nuestra posición desde muy lejos por fuera, para ver las cosas *más objetivamente*».[1] Esta observación, escrita en una época en la que los puntos de vista tardíos de Wittgenstein estaban ampliamente formados, es de interés considerable y vale la pena que se reflexione sobre ellos.

En su primera obra maestra, el *Tractatus*, Wittgenstein había concebido la filosofía como una investigación acerca de la esencia del mundo y la naturaleza de las cosas. La lógica, escribiría posteriormente en las *Investigaciones*,

> Parecía tener una profundidad peculiar, una importancia universal. La lógica parecía yacer en los fundamentos de todas las ciencias. Porque la investigación lógica explora la esencia de todas las cosas. Procura ver en los fundamentos de las cosas y no debería ocuparse

---

[1] Wittgenstein, MS 162b, 67v; CV 2.7.1940.

ella misma de si las cosas de hecho suceden de este o de aquel otro modo. No surge de un interés en los hechos de la naturaleza ni de una necesidad por captar conexiones causales, sino de una urgencia por comprender los fundamentos, la esencia de todo lo empírico.[2]

Él había pensado que la lógica muestra el armazón del mundo y que la naturaleza esencial de las cosas *tenía que quedar* reflejada en las formas de las proposiciones analizadas y que tienen un sentido. Fue sólo a partir de los años treinta cuando gradualmente empezó a darse cuenta de que lo que parecía ser el armazón *del* mundo de hecho era el armazón *a partir del cual describimos el mundo*. De nuevo, como escribió en las *Investigaciones*,

Nosotros sentimos como si tuviéramos que *ver directamente en* los fenómenos; sin embargo, nuestra investigación no está dirigida hacia los *fenómenos*, sino más bien, como podría decirse, hacia las «*posibilidades*» de los fenómenos. Lo que eso significa es que traemos a la mente las *clases de enunciados* que hacemos acerca de los fenómenos...

Nuestra investigación es, por lo tanto, una investigación gramatical. Y esta investigación echa luz sobre nuestros problemas aclarando incomprensiones. Incomprensiones concernientes al uso de palabras, producidas entre otras cosas por ciertas analogías entre las formas de expresión de diferentes regiones de nuestro lenguaje.[3]

Lo que parecían ser las formas lógico-metafísicas de las cosas que *tenían* que quedar reflejadas en la sintaxis lógica de cualquier lenguaje posible no era más que la sombra de la gramática proyectada sobre el mundo. Lo que parecían ser conexiones metalógicas[4] entre el lenguaje y la realidad, que sujetaban los nombres a los objetos que son sus significados y que aseguraban una armonía preestablecida entre el pensamiento, el lenguaje y la realidad, no eran de hecho más que los instrumentos del lenguaje y las co-

---

2 Wittgenstein, PI §89.
3 Wittgenstein, PI §90.
4 Éste es el uso idiosincrásico que Wittgenstein hace de la expresión «metalógico».

nexiones en el interior de la gramática. Porque lo que parecían ser los sempiternos objetos que constituían la sustancia del mundo eran de hecho ejemplares, empleados en definiciones ostensivas como explicaciones de significados de palabras y como estándares para la aplicación correcta de las palabras. Y lo que parecía una concordancia metalógica entre la proposición de que p y el hecho que p que la hace verdadera no es más que la regla intragramatical que nos permite reemplazar la frase «la proposición de que p» por la frase «la proposición que es hecha verdadera por el hecho de que p». Así también, el enunciado metafísico de que el mundo se compone de hechos, no de cosas, *correctamente entendido*, no equivale más que a la proposición gramatical de que una descripción verdadera del mundo (de algunos de sus rasgos) se compone de una enunciación de hechos, no de una lista de cosas. Y esta proposición gramatical es ella misma un enunciado de una regla lingüística concerniente al uso de las frases «descripción verdadera», «lista de cosas» y «enunciados de hechos».

Esta transformación de visión filosófica que tuvo lugar entre 1929 y 1931 vino desde luego acompañada por una reorientación total en la visión misma que Wittgenstein tenía de la filosofía. Él había pensado que la filosofía debía investigar:

> El orden *a priori* del mundo, es decir, el orden de las *posibilidades* que el mundo y el pensar tienen que tener en común. Pero este orden, así lo parece, tiene que ser *completamente simple*. Es previo a toda experiencia, tiene que fluir a través de toda la experiencia; ninguna nubosidad o incertidumbre empírica puede estar ligada a él. Tiene más bien que ser del más puro cristal. Pero este cristal no se nos aparece como una abstracción, sino como algo concreto, en verdad como lo más concreto, como si fuera la cosa más *dura* que hay (*Tractatus logico-philosophicus* 5.5563).[5]

Esto, como después lo vio, era una ilusión. Era *quizá* a este cambio en su concepción del método de hacer filosofía a lo que se refería en 1929 como «mi forma de hacer filosofía» y que ca-

---

5 Wittgenstein, PI §97.

racterizaba como siendo «todavía nuevo para mí». Él lo describía así: «Este método es esencialmente la transición que lleva de la cuestión de la verdad a la cuestión del sentido».[6] Lo que él quería decir mediante esta observación no es claro y es contencioso. Pero de seguro que es al cambio en su concepción general a lo que se refería en sus clases de 1930-1931 como «un nuevo método» que había sido encontrado. Era un método que por primera vez hacía posible que hubiera filósofos *habilidosos*, más que grandes, como en el pasado.[7] Los grandes filósofos habían logrado una visión sublime del mundo y del lugar del hombre en él, habían erigido grandes sistemas para articular su visión. Y cada gran sistema así, atormentado por interrogantes que ellos mismos planteaban,[8] se derrumbaba bajo su propio peso. Los filósofos habilidosos eran cartógrafos locales, no metafísicos ni cosmólogos metafísicos. Ellos tenían la habilidad del viajero para hacer un mapa del terreno allí donde la gente se pierde, para rastrear las pisadas e identificar el lugar en donde se equivocaron al dar la vuelta y para explicar por qué terminaron en pantanos y en arenas movedizas. Es por eso que Wittgenstein decía que la filosofía había *perdido su nimbo*. Porque el *pathos* de lo sublime es proyectado de regreso sobre las ilusiones de las que somos víctimas.

Lejos de investigar esencias de cosas independientes del lenguaje, la tarea de la filosofía es investigar los usos de las palabras como la fuente de problemas y confusiones conceptuales. Ella delinea la geografía lógica de aquellas partes del paisaje conceptual en el que estamos inclinados a perdernos, no por sí mismo, sino para que no nos perdamos. No es una investigación metafísica (no hay tal cosa), sino una investigación conceptual o gramatical. Lo que hace es recordarnos cómo usamos las palabras de nuestro lenguaje, nos invita a traer a la memoria rasgos del uso para que nos demos cuenta del modo cómo inadvertidamente mal empleamos las palabras, entrecruzando usos diferentes de pala-

---

6 Wittgenstein, MS 106, 46.
7 Wittgenstein, M 113.
8 Wittgenstein, PI §133.

bras, trazando inferencias a partir de un uso que de hecho se pueden trazar sólo a partir de otro. Ella llama nuestra atención sobre diferencias conceptuales, en donde nos vimos confundidos por similitudes conceptuales. Estas diferencias son tales que podríamos no haberlas notado, puesto que el dominio del uso de una palabra no requiere el dominio del uso *comparativo*. (¿Cuántos hablantes competentes del inglés podrían, de buenas a primeras, enunciar las diferencias entre «casi» y «por poco»? Sin embargo, nadie diría nunca «El budín tiene casi no suficiente azúcar» a diferencia de «Por poco no tiene suficiente azúcar el budín».) Pero cuando las diferencias son cuidadosamente señaladas, las reconocemos.[9] Y cuando las reconocemos, los nudos filosóficos que hicimos en nuestro entendimiento empiezan a deshacerse. Así, por ejemplo, cuando se nos recuerda que podemos hablar rápida o lentamente pero que no podemos querer decir algo rápida o lentamente, que se puede hablar mejor de lo que se puede escribir pero que no se puede querer decir algo mejor de lo que se puede escribir, que uno puede empezar a decir algo pero que uno no puede empezar a querer decir algo mediante lo que dice, y así sucesivamente, podemos caer en la cuenta de que querer decir algo mediante nuestras palabras no es una actividad de la mente. De ahí que la filosofía sea una investigación conceptual cuyo doble propósito es la disolución de los problemas filosóficos y el desenredo de las confusiones conceptuales, por una parte, y la descripción de la geografía lógica de nuestros conceptos, por la otra.

Que los seres humanos usan el lenguaje, toman parte en juegos de lenguaje, realizan actos de habla en el contexto de sus actividades; éstos son hechos antropológicos acerca de la historia natural del hombre. Lo que garantiza el uso de los epítetos «enfoque etnológico» y «enfoque antropológico» al describir la filosofía

---

9 No es éste un caso de conocimiento tácito en tanto que opuesto a conocimiento explícito, tal como esas nociones han sido aprovechadas en décadas recientes por teóricos filosóficos del significado. Es más bien un asunto de conocimiento explícito de uso correcto (significado) y de carencia de una visión sinóptica comparativa.

posterior de Wittgenstein es la perspectiva desde la cual él contempla los asuntos conceptuales. A diferencia de Frege, Wittgenstein trata los conceptos no como entidades que haya que descubrir, sino como técnicas para el uso de las palabras. Haber dominado un cierto concepto es haber dominado la técnica del uso de una cierta palabra en algún lenguaje u otro. Poseer un concepto es ser capaz de usar la palabra o la frase correctamente, explicar lo que uno quiere decir mediante ella en un contexto dado y responder con comprensión a su uso. Los conceptos son creaciones humanas, hechas, no halladas. Son comparables a los instrumentos hechos para propósitos humanos y su adquisición es comparable al dominio de la técnica de uso de un instrumento. Son *técnicas* de uso de palabras gobernadas por reglas. Se nos proporcionan mediante explicaciones del significado de las palabras y sus técnicas de aplicación quedan exhibidas en el uso de las palabras en la práctica. El uso de las palabras se integra con las actividades de los seres humanos en la corriente de la vida. Estas actividades son parte de la historia natural humana. Wittgenstein encontró que era fructífero verlas antropológica o etnológicamente. Esto se revela en dos aspectos de su enfoque de caracterización de los conceptos y de las redes conceptuales: primero, la primacía de la acción y de la práctica y, segundo, el historicismo.

A Wittgenstein le gustaba citar la observación de Goethe en el *Fausto*: «Im Anfang war die Tat»; no «Al principio fue la Palabra», sino más bien «Al principio fue la acción». Porque, como él observó, «Las palabras son acciones». Aprender a hablar es aprender a actuar. «Ordenar, preguntar, contar, platicar», escribió, «son tan partes de nuestra historia natural como caminar, comer, beber, jugar».[10] Lo que los niños aprenden no es cómo traducir sus pensamientos y deseos a palabras, sino cómo pedir, exigir, rogar, insistir, preguntar y responder a preguntas, llamar a gente y responder a los llamados, decirle a la gente cosas y escuchar lo que otros cuentan; en breve, *aprenden a ser humanos*; no

---

10 Wittgenstein, PI §25.

Homo sapiens, sino *Homo loquens*. En la medida en que se incrementa el repertorio lingüístico del niño se expande también el horizonte de pensamientos, sentimientos y voliciones posibles. El niño se vuelve capaz de pensar cosas que no era concebible que él hubiera pensado, sentir cosas que no era posible que hubiera sentido y querer cosas que no podríamos inteligiblemente decir de ningún animal que no use el lenguaje que quiere. Porque los límites del pensamiento, del sentimiento y de la volición son los límites de la *expresión* conductual del pensar, el sentir y la volición.

A nosotros no se nos admite en una comunidad humana por aprender, menos aún porque se nos enseñe, la gramática en profundidad de nuestra lengua materna; ni siquiera porque se nos enseñe su gramática común (superficial), sino más bien porque fuimos entrenados para imitar, instruidos para repetir y más tarde para aprender y porque se nos enseñó *cómo hacer cosas con palabras*, cómo tomar parte en innumerables *juegos de lenguaje* en la comunidad humana de familia y amigos, y posteriormente con extraños también. Las palabras con las que aprendemos a hacer cosas están, desde luego, reguladas. El que su empleo esté regulado es puesto de manifiesto en una regularidad *que presupone el reconocimiento de una uniformidad*.[11] Las prácticas normativas del uso de palabras están rodeadas de actividades normativas de corrección de errores, de explicaciones de lo que se quiso decir, de respuestas apropiadas para el uso correcto, de manifestaciones de comprensión, incomprensión y de no comprensión. Y son las prácticas normativas de la comunidad de habla lo que fija y sostiene con firmeza las relaciones internas entre una palabra y su aplicación, entre la explicación del significado y lo que *pasa*, en la práctica del uso de la palabra, como uso correcto, así como lo que queda determinado *como siguiéndose* de su uso en una emisión.

Junto a la primacía de la acción y la práctica encontramos en el enfoque de Wittgenstein un poderoso punto de vista *historicista*. Pero, en un sentido que explico, es historicismo *sin historia*. Los conceptos empleados por diferentes grupos lingüísticos y sociales

---

11 Wittgenstein, RFM 348.

son el producto de la interacción social, respuestas a necesidades compartidas, de la inventiva y el descubrimiento, de los intereses comunes a los que se apeló en circunstancias variables de la vida social y que evolucionan de modos idiosincrásicos en diferentes sociedades en diferentes tiempos y lugares. No es por nada que Wittgenstein citaba a Spengler como una de las influencias importantes en su pensamiento. El capítulo 2 de *La decadencia de Occidente* está dedicado a un examen de las diferentes matemáticas de diferentes culturas. Porque Spengler veía las matemáticas como un fenómeno histórico y como una creación histórica, no como algo que ha sido progresivamente *descubierto* en el curso de la historia humana, sino como un conglomerado de técnicas y de conceptos que han sido progresivamente *creados*, y podría uno añadir, progresivamente unificados a lo largo de la historia humana. Esto, me parece a mí, es un legado importante del que Wittgenstein se asió. «Las matemáticas —escribió— son después de todo un fenómeno antropológico».[12] Desde luego que las proposiciones matemáticas no son proposiciones antropológicas que describen cómo infieren y calculan los hombres, no más de lo que un código penal es una obra de antropología que describe cómo la gente en una sociedad dada lidia con criminales.[13] Es un sistema de normas que determina lo que se llama «calcular», «inferir», «extraer» magnitudes y cantidades de cosas contables y medibles, así como el código penal es un sistema de normas de conducta y de castigos por transgredir dichas normas. Pero *que* esas normas determinen a esos conceptos y por lo tanto a esas formas de *hacer* cosas, es un fenómeno antropológico.

Cuando escribió el *Tractatus*, al joven Wittgenstein se le había virtualmente olvidado la historia de los conceptos —tanto como a Frege y a Russell—. La concepción que tenía del lenguaje y de nuestro esquema conceptual era la de una estructura lógica atemporal. Cualquier esquema posible de representación *tiene*, pensaba, que reflejar las formas esenciales, el armazón lógico-metafísico

---

12 Wittgenstein, RFM 399.
13 Wittgenstein, RFM 192.

de cualquier mundo posible. Sólo los nombres simples pueden representar objetos simples, sólo las relaciones pueden representar relaciones y sólo los hechos pueden representar hechos. Y la representación de todo aquello que sea representado *tiene* que ser isomórfica con lo que representa. Eso es un requerimiento metalógico para la posibilidad de la representación verdadera o falsa. Este cuadro sublime y estático se derrumbó (lentamente) después de 1929, y fue remplazado por una concepción historicista del lenguaje y de las formas conceptuales perfectamente dinámica. Pero eso es un historicismo sin historia.

Es notable que alguien que llegó a una concepción historicista como ésa haya sido tan indiferente al desarrollo real de la aritmética y de la geometría, a la historia de nuestros diferentes conceptos de *psyche, nephesh, anima, mind, Geist, l'esprit*, a la historia de las diferentes geometrías del color en diferentes sociedades y lenguajes. Esta falta de interés es, hablando biográficamente, sorprendente. Pero filosóficamente hablando no tiene por qué causar ninguna sorpresa.[14] Porque en lugar de investigar hechos empíricos acerca de sistemas aritméticos egipcios, babilonios o mayas, o gramáticas del color chinas y japonesas, Wittgenstein no se siente compungido por *inventar* diferentes formas de representación. Él estableció con fuerza este punto a propósito de la dependencia de nuestros conceptos de hechos generales de la naturaleza, pero sus observaciones son fácilmente aplicables a hechos particulares de la historia de las sociedades humanas. Esto es lo que escribió:

> Si la formación de conceptos puede explicarse por hechos de la naturaleza, ¿no deberíamos estar interesados no en la gramática, sino más bien en sus bases en la naturaleza? En verdad, también estamos interesados en la correspondencia entre conceptos y hechos muy generales de la naturaleza. (Hechos que la mayoría de las veces no nos

---

14 Para una discusión de la actitud de Wittgenstein hacia la historia y hacia la historia de la filosofía, véase: H.-J. Glock, «Wittgenstein and History», en: A. Pichler y S. Säätelä (eds.), *Wittgenstein: the Philosopher and his Works*. The Wittgenstein Archives at the University of Bergen, Bergen, 2005.

llaman la atención por su generalidad.) Pero no por ello nuestro interés se revierte sobre esas posibles causas de formación de conceptos; no estamos haciendo ciencia natural; ni siquiera historia natural, puesto que también podemos inventar para nuestros propósitos historias naturales ficticias.[15]

Del mismo modo, no es necesario describir la aritmética egipcia o griega para dejar en claro que diferentes conceptos aritméticos son perfectamente inteligibles, porque uno puede *inventar* diferentes formas de contar, de calcular distancias, velocidades, pesos, longitudes, alturas y volúmenes. En 1940 escribió: «Uno de los métodos más importantes es imaginar un desarrollo histórico de nuestras ideas diferente del que de hecho ocurrió. Si hacemos eso el problema nos muestra un aspecto totalmente nuevo».[16] Es en este sentido que, para propósitos filosóficos, Wittgenstein invoca un historicismo sin historia.

2. La autonomía de la gramática

Dado el enfoque antropológico de Wittgenstein respecto a la naturaleza de los conceptos y de las redes conceptuales, no debería resultarnos *muy* sorprendente toparnos con que insiste en la *autonomía de la gramática*. No hay más conceptos «absolutamente correctos» que instrumentos «absolutamente correctos»; sólo algunos más o menos útiles y más o menos importantes o inclusive indispensables. Indispensables *dadas nuestras naturalezas y nuestros propósitos*, y *dada la naturaleza del mundo que nos rodea*. Es un pensamiento cardinal de la filosofía posterior de Wittgenstein el que la gramática no le rinde pleitesía a la realidad. La gramática no es susceptible de corrección por parte de los hechos; es, en un sentido importante, *arbitraria*.[17] La arbitrariedad de las reglas de

---

15 Wittgenstein, PPF §335.

16 Wittgenstein, MS 162b, 68v.

17 Para una discusión detallada, véase el ensayo de P. M. S. Hacker, «The arbitrariness of grammar and the bounds of sense», en *Wittgenstein: Mind and*

la gramática no significa que éstas sean caprichosas, discrecionales, carentes de importancia, un asunto de elección individual, fácilmente modificables o que otras reglas pudieran funcionar
igualmente bien. Significa más bien que no se puede decir de ellas
que están bien o mal, que son correctas o incorrectas en relación
a cómo sean las cosas en la realidad. Significa que son reglas constitutivas, no reglas de tipo «medios-fines». Determinan los significados de las palabras y no dan cuenta de los significados de las
palabras. A diferencia de las reglas de tipo «medios-fines», no son
contingentes respecto a regularidades naturales, como lo son las
reglas de cocina, y no tienen que rendir cuentas a las leyes de la
naturaleza. No se justifican por referencia a los hechos, puesto
que no están ni justificadas ni injustificadas. Son, podría decirse,
un fenómeno etnológico. Los seres humanos, que viven juntos en
comunidades, usan los signos de estos y otros modos y excluyen
el uso de esos signos de estos y aquellos otros modos. Usando los
signos de esta manera, hacen tales y cuales cosas, dan órdenes,
hacen preguntas, describen cosas, razonan. Así usados, los signos
determinan el modo en que ellos conciben las cosas, determinan
el espacio lógico dentro del cual se mueve su pensamiento, y son
una parte integral de su forma de vida.

   ¿Con qué ha de contrastarse este enfoque etnológico? ¿Por
qué habríamos de concebir así las cosas? ¿Cómo el que tomemos
distancia de esta manera nos ayudaría a alcanzar un grado mayor
de objetividad? Porque esta forma de ver las cosas *ayudará* a que
nos desprendamos de un conglomerado omnipresente de ilusiones que la filosofía ha venido arrastrando desde sus inicios. Se trata de las ilusiones de la metafísica concebida como una descripción del sempiterno y rígido armazón del mundo. *Parece* que las
proposiciones gramaticales como «las sustancias son portadoras
de propiedades», «todos los eventos están temporalmente relacionados con todos los demás eventos» o «las causas no pueden
venir después de sus efectos» son correctas si realmente describen

---

Will, vol. 4 de *An Analytic Commentary on the* Philosophical Investigations. Oxford, Blackwell, 1996.

la naturaleza de las cosas. De modo que es correcto que nada pueda simultáneamente ser totalmente rojo y totalmente verde, puesto que radica en la naturaleza del color que un color excluya al otro color. Es correcto que el rojo sea más oscuro que el rosa, porque es parte de la esencia del rojo ser más oscuro que el rosa. Eso no es simplemente cómo las cosas son, es cómo *necesariamente* son. Esas verdades no son físicas, sino metafísicas.

Es a esta concepción de hechos metafísicos a la que Wittgenstein hace la guerra. La proposición de que el rojo es más oscuro que el rosa es una proposición gramatical, es una regla para el uso de las palabras de colores «rojo» y «rosa» y para el término relacional «más oscuro que». *Este* color es rojo y *este* color es rosa y *este* color no *cuenta* como *ese* color. De manera que si algo es totalmente de *este* color, no se puede describir como si fuera de *ese* color en todas partes.

Así, pues, si algo es totalmente de *este* color, no puede ser descrito como si fuera totalmente también de *ese* color. Además, cualquier par ordenado de ejemplares de colores como ése sirve como un ejemplar de la relación *más oscuro que*. De modo que si un objeto A cualquiera es rojo, podemos inferir *sin mirar* que es más oscuro que un objeto rosa. La proposición gramatical es una licencia para hacer inferencias, no una descripción de un «hecho necesario».

¿Significa esta «arbitrariedad» que podemos cambiar nuestra gramática? ¿Que podemos decidir que de aquí en adelante el rojo debería ser más claro que el rosa? Sí y no. No; tal como usamos las palabras «rojo», «rosa» y «ser más claro que», es un sinsentido (no falso) decir que el rojo es más claro que el rosa. La proposición de que lo rojo es más claro que lo rosa no es ni una verdad o falsedad empírica ni la expresión de una regla gramatical para el uso de esas palabras. Sí; si podemos cambiar las reglas para el uso de nuestras palabras. Pero si cambiáramos así nuestra gramática, estaríamos cambiando los significados de los términos «rojo», «rosa» y «más claro que». Eso es lo que se quiere decir al decir que las proposiciones gramaticales son *reglas constitutivas* para el uso de sus palabras componentes. Ellas determinan los significados y no tienen que rendirles cuentas a éstos.

3. FORMACIÓN CONCEPTUAL Y CONCEPTOS COMPARTIDOS

Wittgenstein ve las formas y las redes conceptuales como la creación de los seres humanos. La formación de conceptos depende de diversos modos de la naturaleza empírica del mundo que nos rodea y de *nuestra* naturaleza empírica. Esa dependencia, sin embargo, es una dependencia para el uso y la utilidad, no para la verdad y la corrección.

Los seres humanos tienen, en general, capacidades perceptuales similares. Tienen con mucho los mismos poderes discriminatorios, habilidades mnemónicas comparables, propensiones reactivas naturales similares, necesidades básicas comunes y disposición de formas naturales de conducta compartidas. Comparten formas naturales de conducta expresiva, de dolor, asco, placer, diversión, miedo y enojo. Ciertamente, estas formas de expresión están debidamente moldeadas por la aculturación. Sin embargo, conservan sus raíces en la conducta animal. Otras formas de conducta expresiva son primariamente lingüísticas, en la medida en que la forma que revisten es lingüística y que lo que expresan es un atributo que podemos calificar únicamente como de un animal que usa el lenguaje.

El mundo en el que los grupos sociales humanos forman conceptos, en el que los niños adquieren conceptos y en el que los seres humanos usan conceptos es en general un mundo *regular* de objetos materiales distribuidos en el espacio y en el tiempo y sometidos a una regularidad causal, y lo es también de criaturas vivientes que exhiben patrones de actividad teleológica y de ciclos vitales. La persistencia de dichas regularidades es una condición para la utilización y la utilidad de los conceptos que poseemos.

Estos hechos muy generales de la naturaleza son condiciones de trasfondo para la formación, la posesión, la aplicación y la utilidad de conceptos. Ello no podría ser de otro modo. Si cambiaran, muchos de nuestros conceptos comunes dejarían de ser útiles y algunos dejarían inclusive de ser utilizables. Tendríamos que introducir conceptos diferentes o quedarnos sin el aparato conceptual que nos hace humanos. Desde luego que esto es una hipótesis empírica. Como tal, es de poco interés para Wittgenstein. La razón por la que él llama nuestra atención sobre tales omniabarcadores hechos generales acerca de nosotros y el mundo que habitamos es que si alguien cree que ciertos conceptos son absolutamente los correctos y que el tener conceptos diferentes significaría no darnos cuenta de algo de lo que nos damos cuenta, entonces dejémoslo que imagine que ciertos hechos de la naturaleza son diferentes de cómo estamos acostumbrados y la formación de conceptos diferentes de los usuales se hará inteligible para él.[18]

Los hechos acerca de los seres humanos y de la conducta humana natural sobre los que Wittgenstein llama nuestra atención en el curso de sus aclaraciones gramaticales de formación conceptual conciernen a la conducta expresiva y responsiva natural. Conciernen también a la conducta lingüística primitiva y a formas de la conducta lingüística más sofisticadas que brotan de esas raíces primitivas. Éstas no son ni rebuscadas ni arcanas. Al contrario:

> Lo que estamos proporcionando son realmente observaciones sobre la historia natural de los seres humanos, no curiosidades, sin embargo, sino hechos de los que nadie ha dudado, que han pasado desapercibidos sólo porque están siempre ante nuestros ojos.[19]

Así, por ejemplo, la conducta natural de dolor es la raíz sobre la cual nosotros insertamos conducta lingüística de dolor culturizada. Sin conducta de dolor no habría lenguaje de dolor, sin conducta común de dolor no habría lenguaje compartido de dolor. Visto antropológicamente, podría decirse, los animales humanos se lastiman y gritan, enchuecan sus caras *así*, mitigan la parte lastimada *así*, protegen la parte no lastimada *así*. A diferencia de lo que pasa con otros animales, ellos usan palabras también y hacen cosas con las palabras que usan. Exclaman, gritan, piden ayuda, describen su dolor, señalan la ubicación del dolor, y otros seres

---

[18] Wittgenstein, PPF 366.
[19] Wittgenstein, PI §415.

humanos los ayudan. Porque otros ven dicha conducta de dolor como una razón para asistir al lastimado y como una razón de conmiseración.

¿Por qué son iluminadores dichos hechos antropológicos? No porque resuelvan alguna cuestión filosófica. Después de todo, ningún descubrimiento empírico, mucho menos semejantes lugares comunes empíricos, *podrían* resolver un interrogante filosófico, no más de lo que un descubrimiento en física, no digamos ya lugares comunes acerca de la conducta física de las cosas, podría confirmar o desconfirmar un teorema matemático. Más bien nos posicionan de tal manera que podemos ver el problema bajo una nueva luz. En el caso de los problemas que pertenecen al concepto de dolor, o, más en general de los conceptos de experiencia subjetiva o «interna», este punto de vista antropológico nos ayuda a desprendernos de una preocupación objetiva con la introspección, con el acceso privilegiado, con la privacidad epistémica y la propiedad privada de la experiencia. Porque *ésa* es la posición típica a partir de la cual los filósofos, los psicólogos y los neurocientíficos cognitivos ven los fenómenos y los conceptos que nos desconciertan. Y el cambio de punto de vista nos hace más receptivos a la idea, que Wittgenstein avanza, de que la posibilidad de la expresión verbal que carece de fundamentos y del reporte de la experiencia está *gramaticalmente* ligada a criterios conductuales, los cuales incluyen la expresión y el reporte verbal, en circunstancias apropiadas, para la adscripción de experiencia a otros.

En general, los animales despliegan una conducta volitiva. Tienen requerimientos, sienten necesidades y se esfuerzan por obtener lo que quieren o necesitan. Sobre la base de una conducta volitiva natural así por parte de los niños, como la de tratar de alcanzar un objeto deseado y de llorar por él, los seres humanos insertan el uso de palabras como «quiero», «dame» y, en su debido momento, «yo quiero» e inclusive después «¿puedo tener?». Y a partir de estos humildes inicios del lenguaje volitivo los humanos extienden su conducta volitiva para rogar, pedir, exigir el objeto de su deseo y, a su debido tiempo, para describir el objeto de su deseo así como para solicitarlo de otros.

Esta banal observación antropológica nos alienta a ver en las expresiones y reportes de requerimientos no descripciones de fenómenos internos, accesibles únicamente al sujeto, sino más bien extensiones culturizadas de conducta volitiva. Y esto a su vez ayuda a sacudirse la garra de la idea de que los deseos y los requerimientos son estados internos u objetos percibidos por el sujeto de los deseos y requerimientos. Querer algo no es más una *experiencia* privada de lo que lo es esforzarse por alcanzar. Decir que alguien quiere algo y especificar qué es lo que uno quiere no es un reporte de una observación privada. Saber lo que uno quiere no es un logro cognitivo que venga después de haber echado una mirada dentro del pecho y de haber captado allí un requerimiento o un estado de querer algo, sino el resultado de una *decisión* que viene tras pensar acerca de ello o tras examinar las opciones a las que uno tiene acceso.

Los animales despliegan no sólo conducta volitiva, sino más generalmente conducta teleológica y dirigida hacia metas. Wittgenstein llega tan lejos como a identificar la conducta de un gato que acecha a un pájaro con una manifestación primitiva de intención. Eso quizá sea cuestionable (y fue cuestionado por Stuart Hamphsire).[20] Pero su sugerencia acerca de las raíces de los juegos de lenguaje que los humanos juegan con las *expresiones* de intención es iluminadora. Aquí nosotros no insertamos un trozo de conducta lingüística sobre conducta expresiva natural, sino que más bien introducimos un trozo de conducta lingüística el cual anuncia una acción. Decimos «voy a V (lanzar la pelota, darte la pelota)» e inmediatamente *paso a V*. El uso inicial por parte del niño de «voy a» es anunciar una acción. Y a partir de este inicio primitivo crecen las intenciones de largo plazo y sus expresiones y el nexo con la realización inmediata se debilita.

Podrían añadirse fácilmente otros ejemplos. Pero en lugar de hacer eso, me gustaría expandir un poco el enfoque de esta discusión. Porque se puede de igual modo discernir un afluente antro-

---

20 S. Hampshire, *Thought and Action*. Londres, Chatto and Windus, 1959, 97 y ss.

pológico en las reflexiones de Wittgenstein sobre las condiciones para conceptos compartidos y, por ende, para juegos de lenguaje compartidos. Aquí el énfasis está en una forma de vida compartida, en poderes humanos discriminatorios y mnemónicos comunes, en concordancia en definiciones o, más en general, en explicaciones del significado de palabras y en un amplio consenso en juicios. Una forma de vida compartida está presupuesta por la lógica, *i. e.*, por lo que llamamos «inferir», «concluir», «afirmar», «negar», «contradecirse». Esto no es concordancia en opiniones, mucho menos concordancia en opiniones sobre cuestiones de lógica.[21] Más bien, es concordancia en la conducta y en la respuesta, en *lo que pasa por* comprensión, incomprensión y no comprensión.

Los poderes discriminatorios humanos están presupuestos en la posibilidad de conceptos compartidos de cualidades perceptuales que de manera estándar son explicados, y en ocasiones aplicados, por referencia a ejemplares perceptibles. Porque nuestros conceptos de colores, sonidos, sabores y olores, así como nuestros conceptos de cualidades térmicas y táctiles, están determinados por los ejemplares que usamos al explicar el significado de los predicados de cualidades perceptuales y por los modos como los usamos como estándares de aplicación correcta. A menos de que podamos ver y discriminar ejemplares de colores del mismo modo no tendremos una gramática común del color. El ciego y el ciego al color no pueden dominar el uso de nuestra gramática del color precisamente porque no pueden usar nuestros ejemplares de colores; y no pueden usarlos porque no pueden verlos o porque no pueden distinguirlos como nosotros lo hacemos. Ellos no pueden *hacer* algo que nosotros sí podemos hacer. Si la concordancia general en cuanto a los ejemplares que usamos para explicar lo que significan «rojo», «magenta», «verde Brunswick», etc., se desvaneciera, nuestro lenguaje de los colores se desintegraría y se sobrepondría la confusión. Como ya notó Wittgenstein:

---

21 Wittgenstein, RFM 353.

[...] El fenómeno del lenguaje está basado en la regularidad, en concordancia en la acción.

Aquí es de la mayor importancia el que todos, o la inmensa mayoría de nosotros, concuerde en ciertas cosas. Puedo, por ejemplo, estar totalmente seguro de que, con mucho, al color de este objeto la mayoría de los seres humanos que lo ven lo llamarán «verde» [...].

Decimos que, para la comunicación, la gente debe concordar entre sí respecto al significado de las palabras. Pero el criterio para esta concordancia no es simplemente concordancia con referencia a definiciones, *e. g.*, definiciones ostensivas, sino también concordancia en juicios. Es esencial para la comunicación que concordemos en un amplio número de juicios.[22]

Las definiciones, las explicaciones de los significados de las palabras, son reglas. La comprensión de una regla y, por ende, también la comprensión *común* de una regla *compartida*, se exhibe de dos maneras: formulando la regla, por ejemplo al dar una definición ostensiva, y al aplicar la regla, por ejemplo haciendo juicios empíricos. El que gente diferente comprenda del mismo modo la regla para el uso de una palabra se manifiesta en que por lo general llegan al mismo veredicto en su aplicación. La concordancia en juicios *no es independiente* de la concordancia en definiciones, ya que la concordancia al aplicar una definición en un juicio es un criterio de comprensión compartida. Esto no significa que la verdad de nuestros juicios empíricos dependa de la concordancia de otros hablantes. Más bien, la significatividad de nuestros juicios y por ende la *posibilidad* de que sean verdaderos *o* falsos depende de una concordancia extendida.

4. Una comparación con métodos y
concepciones alternativos

Para concluir esta discusión, me gustaría comparar brevemente el enfoque etnológico de Wittgenstein con otros tres enfoques co-

---

[22] Wittgenstein, RFM 342 n.

munes y corrientes, que tienen sus raíces en concepciones diferentes del tema y que él rechazó o con toda seguridad habría rechazado.

Se debería citar, primero, el platonismo, una concepción eternamente tentadora que abre el camino a un esencialismo *a priori* con respecto a conceptos y definiciones reales, y al realismo con respecto a la posibilidad lógica. En concordancia con ello, la filosofía es concebida como una disciplina cuya tarea es revelar la naturaleza de las cosas y la estructura, objetiva e independiente del lenguaje, de todos los mundos posibles. Porque cosas de diferentes especies son concebidas como teniendo una naturaleza esencial, la cual es dada por una definición real que especifica las condiciones necesarias y suficientes para que sea una cosa de la especie en cuestión. La posibilidad lógica es concebida como independiente del lenguaje, circunscribiendo los límites de todos los mundos posibles. Y se sostiene que las proposiciones de la lógica son las señales límite colocadas en los fundamentos eternos y que nuestro pensamiento puede sobrevolar, pero nunca desplazar (Frege). Es claro que Wittgenstein se opuso firmemente a esta concepción de la filosofía y de la investigación filosófica. Es una concepción equivocada suponer que todos los mundos están definidos, o en verdad que son definibles en términos de un conjunto de condiciones necesarias y suficientes de aplicación. Numerosos términos son explicados de un modo completamente diferente, *e. g.*, mediante definiciones ostensivas en términos de un ejemplar, mediante una serie de ejemplos junto con una indicación de similitud, mediante paráfrasis o paráfrasis contrastante, y así sucesivamente.

Además, es estar desorientado suponer, como lo hizo Frege, que todos nuestros conceptos deben estar nítidamente definidos. Numerosas expresiones en nuestro lenguaje son vagas y ni mucho menos son por eso peores. Si esto mina nuestra concepción platonista de la lógica, entonces ya es tiempo de que se le mine. Debemos *mirar y ver* cómo se usan las palabras y cómo explicamos nosotros nuestros conceptos. No sólo en su mayoría no están nítidamente definidos, sino que muy a menudo *no queremos* conceptos nítidamente definidos. Como notó Wittgenstein, «Le pedí un cuchillo para pan y me trajo una navaja de rasurar porque está más afilada».

Lejos de que la posibilidad lógica constituya los límites, independientes del lenguaje, de todos los mundos posibles, no es más que los límites del lenguaje, tal como están determinados por nuestras convenciones para los usos de las palabras. Nosotros trabajamos bajo la ilusión de que la posibilidad lógica corresponde a algo en la realidad, como si una posibilidad lógica fuera más real que una imposibilidad lógica. Pero nada corresponde a una posibilidad lógica y no puede haber menos que nada que corresponda a una imposibilidad lógica. Una imposibilidad lógica no es una posibilidad que es imposible y una posibilidad lógica no es una sombra de una actualidad. Porque si algo es meramente lógicamente posible, entonces no existe, y ¿cómo puede algo que no existe proyectar una sombra? Si una posibilidad lógica es una sombra, entonces es una sombra de cualquier forma de palabras que tenga sentido.

Un segundo enfoque, totalmente diferente, que goza en la actualidad de popularidad, es el de un esencialismo *a posteriori*, con raíces en Aristóteles y en Locke y con florecientes ramas en nuestros días en Putnam y Kripke. En una concepción así hay verdades necesarias *a posteriori* por descubrir. Así, por ejemplo, es una verdad empírica, si bien «metafísicamente necesaria», que el agua sea H_2O o que el relámpago sea una descarga eléctrica. Desde luego que el descubrimiento de semejantes verdades no es tarea de la filosofía. La tarea de la filosofía es, al parecer, la de demostrar que son necesarias y luego emplearlas para resolver ciertos problemas filosóficos.

Es obvio que Wittgenstein habría sostenido que esto es confuso. Porque él mostró que lo que nosotros consideramos que son verdades necesarias son, con la excepción de las tautologías de la lógica, normas de representación. Y no hay tal cosa como *descubrimiento* en la realidad de normas de representación. Porque algo es una regla sólo en la medida en que es usado como regla. La naturaleza es el reino de la *Physis*, no del *nomos*. Las reglas son creaciones humanas y su existencia se exhibe en las prácticas humanas. Las reglas para el uso de las palabras se exhiben en el discurso humano, en las explicaciones del significado, en correcciones de errores, en lo que pasa como uso aceptable. Fue un *descubrimiento* químico el que el agua pura consista en dos moléculas de hidrógeno y una de oxígeno en combinación química. Si los químicos desde entonces transformaron este descubrimiento en una regla para el uso de la expresión «agua pura», ello es una *decisión*, a saber, la de negar el epíteto «agua pura» a cualquier cosa no se componga de H_2O. Ellos no encontraron una regla no usada y hasta ahora desconocida en la naturaleza y no descubrieron una necesidad metafísica independiente del lenguaje. Simplemente hicieron más rígido lo que era un descubrimiento empírico transformándolo en una regla para el uso de la frase «agua pura».

La idea misma de que podría haber necesidades *a posteriori* habría, creo, llamado la atención de Wittgenstein como totalmente desorientada. Porque decir que una proposición es una verdad necesaria es decir algo acerca de su rol en las inferencias y en las transformaciones proposicionales gobernadas por reglas. Pero presentar los *descubrimientos* químicos y físicos como verdades necesarias no es decir nada en lo absoluto acerca de su rol o función y no explica *nada* concerniente a las diferencias en roles entre dichas proposiciones y aquellas proposiciones de la ciencia natural que son verdaderas contingentemente.

Una tercera estrategia actual que no habría sido vista con buenos ojos por Wittgenstein es el naturalismo quineano y neoquineano. Éste evita todas las distinciones entre proposiciones analíticas y sintéticas, *a priori* y *a posteriori*, necesarias y contingentes. Las únicas distinciones aceptables son entre oraciones lógicas y oraciones no lógicas y entre oraciones que están profundamente empotradas en nuestra teoría total del mundo, aquellas que están menos empotradas y a las que por lo tanto se puede acceder a menor costo, y las oraciones observacionales que yacen en la periferia de la red de nuestras creencias.

Esta homogeneidad, Wittgenstein habría argumentado, es comprada al precio de oscurecer y en verdad borrar diferencias, en particular diferencias en roles y en funciones de oraciones de nuestro lenguaje. En particular, hace entrar en conflicto la red normativa de la gramática con el pescado empírico que podemos atrapar con ella.

Wittgenstein eludió la terminología de analítico/sintético, invocando en su lugar su propia y totalmente diferente distinción entre proposiciones gramaticales y proposiciones empíricas. Él pensaba que nuestra distinción entre proposiciones necesarias y contingentes no era un instrumento clasificatorio útil, sino un nudo que había que deshacer. Lo deshizo no en términos de verdades profundamente empotradas, sino en términos de normas para descripciones profundamente atrincheradas. Él pensaba que la concepción tradicional de lo *a priori* descansa en concepciones profundamente equivocadas,[23] que él procuraba minar en sus elucidaciones de las diversas clases de las así llamadas proposiciones necesarias.

El naturalismo quineano ciertamente tiene una metodología antropológica, pero la concepción de la naturaleza humana y de la explicación y la comprensión del pensamiento humano, del sentimiento y la conducta es sumamente defectuosa. En el caso de Quine, está casada con un conductismo skinneriano, y en el caso de sus seguidores está comprometida con la reducción de razones a causas y con el análisis de la explicación teleológica como una forma de explicación nomológica o tan reemplazable como una explicación nomológica. En contraste, Wittgenstein sostenía que las explicaciones en términos de razones y motivos son irreducibles y por completo distintas de las explicaciones nomológicas.

El punto de vista etnológico de Wittgenstein no es un compromiso con la construcción de la filosofía como una rama de la

---

23   «Era característico de los teóricos del periodo cultural pasado querer encontrar un *a priori* donde no lo hay.¿O debería decir que una característica de la era cultural pasada era formar //crear// el concepto o no concepto de lo «*a priori*»? Porque no habría creado nunca el concepto si desde el principio hubiera visto las cosas //la situación// como nosotros las vemos. (Entonces el mundo habría perdido un gran error, quiero decir, uno importante.)» Wittgenstein, MS 183, 81.

antropología. Aunque las matemáticas sean un fenómeno antropológico, las proposiciones de las matemáticas no son proposiciones antropológicas que digan cómo calculan e infieren los hombres;[24] son expresiones de reglas, no enunciados de que existen ciertas reglas. Aunque es un fenómeno antropológico el que los seres humanos tengan visión cromática y un hecho etnológico el que construyan gramáticas diferentes del color y que describan los *visibilia* en términos de sus colores, las proposiciones de la gramática del color, como «el rojo es más oscuro que el rosa», «el rojo es más como el anaranjado que como el amarillo», «nada puede ser blanco y transparente», no son proposiciones antropológicas. Son normas de representación.

Los problemas filosóficos surgen primeramente (pero no sólo) como resultados de enredos en la red de la gramática. El enfoque etnológico ayuda a que nos distanciemos de los fenómenos que nos asombran en nuestras reflexiones y confusiones filosóficas. Nos ayuda a ver las estructuras gramaticales normativas que conforman un lenguaje como una red, a verlo como un artefacto humano que podría haber sido tejido de manera diferente, a darnos cuenta de su rol normativo en la historia natural de una comunidad humana que usa el lenguaje, a comprender que su objetivo es atrapar peces y a evitar confundir la red con el pez. Pero la tarea *filosófica* es desenredar los nudos que hemos hecho en la red. Para ese propósito, tenemos que describir la red y su entretejido, y ésa no es una tarea etnológica. Es una tarea lógico-gramatical, en la que las reglas familiares de los usos de las expresiones tienen que ser cuidadosamente seleccionadas y adecuadamente organizadas para exhibir las fuentes de confusión y de incomprensión. Para ello requerimos de un punto de vista, por así decirlo, «interno», no de uno etnológico o antropológico.[25]

---

24 Wittgenstein, RFM 192.
25 Agradezco a Hanjo Glock sus útiles comentarios de este artículo.

BIBLIOGRAFÍA

Bibliografía primaria

WITTGENSTEIN, L., CV: *Culture and Value.*
—, M: *Manuscritos.*
—, MS: *Wittgenstein's Nachlass.*
—, PI: *Philosophical Investigations.*
—, PPF: *Philosophy of Psychology.*
—, RFM: *Remarks on the Foundations of Mathematics.*

Bibliografía secundaria

GLOCK, H.-J. (2005): «Wittgenstein and History», en A. Pichler y S. Säätelä (eds.), *Wittgenstein: the Philosopher and his Works.* Bergen: The Wittgenstein Archives at the University of Bergen.
HACKER, P. M. S. (1996): «The arbitrariness of grammar and the bounds of sense», en *Wittgenstein: Mind and Will,* vol. 4 de *An Analytic Commentary on the* Philosophical Investigations. Oxford: Blackwell.
HAMPSHIRE, S. (1959): *Thought and Action.* Londres: Chatto and Windus. Oxford: St John's College.

CONTRASTE Y TRASFONDO. WITTGENSTEIN Y LA FILOSOFÍA[1]

Vicente Sanfélix Vidarte
Universidad de Valencia

1. DEL SISTEMA AL BOSQUEJO

Cuando se toma como diana el trabajo de alguien se corre el peligro de que nuestras discrepancias con él parezcan mayores de lo que realmente son. Con el fin de conjurar en la medida de lo posible este inevitable riesgo empezaré por señalar que el artículo del profesor Hacker «Wittgenstein's Anthropological and Ethnological Approach»[2] me parece sencillamente excelente. Con muy pocas páginas, el profesor Hacker consigue hacer algo extremadamente difícil, a saber: trazar las líneas maestras del pensamiento del segundo Wittgenstein. Trazado, debo añadir, con el que estoy básicamente de acuerdo. De modo que lo que a continuación voy a argumentar cabe tomarlo, más que como objeciones, como puntualizaciones a un enfoque

---

[1] El presente trabajo forma parte del proyecto de investigación FFI2008-00866/FISO: «Cultura y religión: Wittgenstein y la contra-ilustración», financiado por el Ministerio de Ciencia e Innovación.
[2] Hacker, 2010, 15 y ss.

que, en lo esencial, me parece correcto. Puntualizaciones que se
centrarán, sobre todo, en la manera como el profesor Hacker entiende la relación entre la concepción de la filosofía del primer y
del segundo Wittgenstein (si me abstengo aquí de utilizar el término «meta-filosofía» es porque sospecho que no sería del agrado
de Wittgenstein: «Pudiera pensarse: si la filosofía habla del uso de
la palabra "filosofía", entonces tiene que haber una filosofía de
segundo grado. Pero no es así; sino que el caso se corresponde
con el de la ortografía, que también tiene que ver con la palabra
"ortografía" sin ser entonces de segundo orden»).[3]

En el primer apartado de su trabajo, el profesor Hacker apunta la relación que habría entre el primer y el segundo Wittgenstein, y en qué consistiría la novedad metodológica de este último
no sólo con respecto a sus previos planteamientos sino con respecto a la tradición filosófica en general. Su tesis es que entre
1929 y 1931 Wittgenstein habría cambiado su *vision of philosophy
itself* de modo tal que pensaría ahora que ya no caben los grandes
filósofos, como en el pasado, sino sólo los filósofos *skilful*.

Creo que hay en juego aquí varias cuestiones diferentes. La
primera es: ¿cómo concibió Wittgenstein su relación con la tradición filosófica que le precedía? Y relacionada con esta pregunta,
¿la relación de Wittgenstein con la tradición filosófica es realmente la que él pensó que era? Por otra parte, ¿metería Wittgenstein
a partir de 1929 a su *Tractatus* entre las filas de esa tradición filosófica que ahora él quería dejar detrás? O dicho de otra manera:
¿es verdad que entre 1929 y 1931 Wittgenstein modificó su *vision
of philosophy itself*?

Como otros muchos estudiosos de Wittgenstein, Hacker le
atribuye una concepción de la filosofía deflacionista. La cuestión
es qué es lo que se somete a la deflación. Hacker parece apuntar a
los objetivos de la actividad filosófica. Si los grandes filósofos del
pasado habían erigido *sistemas* para articular su visión del mundo
y del lugar del hombre en éste, ahora la tarea es mucho más mo-
desta: se trata de erigir *cartografías* parciales y no cosmologías me-

---

[3] Wittgenstein, 1988, IF, §121.

tafísicas. Si seguimos con la metáfora podríamos decir: ya no se trata de empeñarnos en dibujar mapas estelares sino algo más parecido a planos de nuestra casa o de nuestra ciudad o, a lo sumo, de nuestra comarca. A lo que renunciamos es, sencillamente, a la metafísica.

Así las cosas, por qué Wittgenstein habría cambiado su visión de la filosofía en torno a 1931 parece claro. El *Tractatus* todavía tiene el carácter sistemático y el ansia de generalidad propio de las grandes obras del pasado. Su método —es decir: el camino que sigue— es lógico. Tomando como base la lógica, nos proporcionaría una descripción general del mundo y de nuestro lugar en él —o quizás fuera de él, dado el carácter místico de la ética que nos propone—. En cambio, las *Investigaciones filosóficas*, en particular, y su segunda obra en general, tienen un carácter misceláneo. Y su método ya no es lógico sino gramatical. Podríamos decir que lo que Wittgenstein hace es analizar cómo se usan ciertos términos.

Todo esto, a decir verdad, suena bastante plausible como descripción de la concepción wittgensteiniana de la filosofía (sin entrar a calibrar su corrección). Al fin y al cabo, fue el mismo Wittgenstein quien se comparó con el destructor de la biblioteca de Alejandría para ilustrar su relación con la gran tradición filosófica. Lo que quiere decir que él mismo entendía esta relación como una ruptura. Y por otra parte, que la filosofía consta de lógica y metafísica, y que la primera es su base, es una afirmación que se encuentra tal cual en las «Notas sobre lógica», y no cabe entender el *Tractatus*, del que Wittgenstein le diría a Von Ficker que presentaba un sistema, sino como el desarrollo de esta declaración programática; en tanto que en el prólogo de las *Investigaciones filosóficas* se caracteriza el libro de «Álbum» y se confiesa que lo único que en él se ofrece, y no por razones accidentales («Y esto estaba conectado, ciertamente, con la naturaleza misma de la investigación», se nos advierte en el prólogo de esta obra[4]), es algo así como «un conjunto de bosquejos de paisajes»; mientras que

---

4 Wittgenstein, 1988, IF, Prólogo, 11.

en los escritos de su segundo periodo se reitera en muchas ocasiones la calificación de sus investigaciones como gramaticales.

Por lo demás, las diferencias estilísticas entre las dos obras de Wittgenstein saltan a la vista. Los solemnes aforismos tractarianos son sustituidos por las observaciones más prosaicas de las *Investigaciones* (dicho sea de paso, a mi entender en el respecto estético —y recuérdese que Wittgenstein le advirtió a Von Ficker que su primer libro era a la vez una obra filosófica y literaria— el *Tractatus* es extraordinariamente superior a las *Investigaciones*). Y no menos notables son las diferencias en sus contenidos, basta comparar los índices analíticos que acompañan a ambas obras para percatarse de cómo muchos términos que desempeñan un papel central en el *Tractatus* prácticamente desaparecen, o tienen un papel mucho más secundario, en las *Investigaciones* que, en cambio, se sirven profusamente de nuevos conceptos.

En resumidas cuentas, que la existencia de —al menos— dos Wittgenstein es difícilmente discutible. Y que caracterizar parte de lo que les diferencia —pues es innegable que hay divergencias que se sitúan más allá de su concepción de la filosofía— en términos parecidos a los que utiliza el profesor Hacker —el primero empleando un *método lógico* para construir un *sistema metafísico*, el segundo un *método gramatical* para *bosquejar* una serie de *paisajes conceptuales*— suena muy plausible. Sin embargo, si esta es una descripción posible y legítima de la relación entre las concepciones de la filosofía del primer y del segundo Wittgenstein, no creo que sea la única posible. De hecho, pienso, y es lo que voy a intentar mostrar, que igualmente cabe presentar la relación entre las concepciones de la filosofía del primer y del segundo Wittgenstein como una relación de continuidad antes que de ruptura. Quizás con esta descripción alternativa se gane una mejor comprensión de algunas de las afirmaciones del propio Wittgenstein. Por ejemplo, en el mismo «Prólogo» de las *Investigaciones* al que venimos refiriéndonos dice igualmente Wittgenstein: «Hace cuatro años tuve ocasión de volver a leer mi primer libro (el *Tractatus logico-philosophicus*) y de explicar sus pensamientos. Entonces me pareció de repente que debía publicar juntos esos viejos pensamientos y los nuevos: que éstos sólo podían recibir su correcta iluminación con el contraste y en el trasfondo de mi viejo modo de pensar».[5]

Es decir, que sólo en 1941 —pues el referido prólogo está fechado en enero de 1945— parece haber comprendido Wittgenstein, y «de repente», cuán lejos estaban sus nuevos pensamientos de los viejos. Y aún entonces defiende Wittgenstein que éstos no sólo proporcionan a aquellos un contraste (*gegensatz*) sino también un trasfondo (*hintergrund*). Lo que yo deduzco de manera inmediata de esta confesión es que el tránsito desde sus primeros a sus segundos planteamientos debió de ser extremadamente gradual. Algo que el profesor Hacker, aunque no tendría por qué negar (de hecho, en varias ocasiones afirma lo gradual de la toma de conciencia wittgensteiniana de su cambio de posición: «It was only in the 1930's that he gradually came to realize [...]»[6], a veces, con su manera de expresarse («This transformation of philosophical vision that occurred between 1929 and 1931 [...]»[7]), induce a soslayar.

Pues bien, lo que quiero positivamente defender, para empezar, es que ese carácter «gradual» de la toma de conciencia del cambio bien pudo estar motivado, en parte al menos, por la propia concepción de la filosofía que el joven Wittgenstein abrazó, y que pudo llevarle a pensar que, cuando volvió a retomar la actividad filosófica, no hacía otra cosa que completar el programa del *Tractatus*. ¿Cuál era aquella concepción de la filosofía? ¿Cuál es este programa?

2. VACUIDADES Y TRUISMOS

La primera impresión que el *Tractatus* transmite al lector es la de una obra cerrada y conclusa. En el «Prólogo» del mismo se lee:

---

[5] Wittgenstein, 1988, IF, 13.

[6] Hacker, 2010, 15.

[7] Hacker, 2010, 16.

«La *verdad* de los pensamientos aquí comunicados me parece, en cambio, intocable y definitiva. Soy, pues, de la opinión de haber solucionado definitivamente, en lo esencial, los problemas».[8] Énfasis original (y énfasis, por cierto, nada baladí para la discusión, en la que no vamos a entrar, de las tesis de los partidarios del «*New Wittgenstein*» acerca de la insensatez de las proposiciones del propio *Tractatus*). Desde luego se trata de una observación extraordinariamente presuntuosa —como muestra su correspondencia con Russell de aquella época, Wittgenstein era consciente de ello—, pero al lector inmediatamente le dice el autor del *Tractatus* algo que cuando menos parece mitigar semejante presunción, pues el texto continúa: «Y, si no me equivoco en ello, el valor de este trabajo se cifra, en segundo lugar, en haber mostrado cuán poco se ha hecho con haber resuelto estos problemas».[9]

Bien, ¿cuáles eran estos problemas que Wittgenstein había resuelto y por qué su resolución tenía tan poco valor? El mismo «Prólogo» nos ha proporcionado previamente la respuesta a esta doble pregunta: «El libro trata los problemas filosóficos y muestra (*zeigt*) —según creo— que el planteamiento de estos problemas descansa en la incomprensión de la lógica de nuestro lenguaje».[10]

Esta observación ya puede hacernos abrigar algunas dudas. Habíamos concedido al profesor Hacker que el *Tractatus* y las *Investigaciones* ejemplifican diferentes concepciones de la filosofía, pero ¿qué pasa si sustituimos en el texto recién citado el término «lógica» por el término «gramática»? Respuesta: que perfectamente podría figurar en el «Prólogo» de las *Investigaciones filosóficas*. Aquí tenemos un primer ejemplo perspicuo del sentido en el que los «viejos pensamientos» —en este caso acerca de la naturaleza de la filosofía— no sólo proporcionan un «contraste» sino también un «trasfondo» para los nuevos pensamientos de Wittgenstein. Pero retomemos el hilo de la concepción de la filosofía del joven Wittgenstein.

---

8   Wittgenstein, TLP, 1987, «Prólogo», 13.
9   Wittgenstein, TLP, 1987, «Prólogo», 13.
10   Wittgenstein, TLP, 1987, «Prólogo», 11.

Por desgracia, la expresión «los problemas filosóficos» (*die philosophischen Probleme*) es bastante vaga, y por sí misma no permite saber a qué problemas se estaba refiriendo Wittgenstein. Podría pensarse que pudiera haber aquí una solapada referencia a «The problems of Philosophy» que Russell había abordado en su libro de 1912. Pero ésta es una mala pista, pues los problemas filosóficos de Russell en esa obra no son en su mayor parte, ciertamente, los problemas filosóficos de Wittgenstein en el *Tractatus*. La clave para entender a qué problemas se refiere Wittgenstein se encuentra en el propio Wittgenstein: en sus «Notas sobre lógica» recogidas en sus *Cuadernos de notas, 1914-1916*.[11]

Allí, ya hemos aludido a ello, Wittgenstein propone una arquitectónica según la cual la lógica sería la base de la metafísica. Vamos a citar esta observación en su contexto un poco más amplio:

> En filosofía no hay deducciones; *ella* es puramente descriptiva.
> La filosofía no proporciona figuras de la realidad.
> La filosofía no puede ni confirmar ni refutar la investigación científica.
> La filosofía consiste en lógica y metafísica: la lógica es su base.
> La epistemología es la filosofía de la psicología.
> La desconfianza en la gramática es el primer requisito para filosofar.[12]

Si aquí tenemos alguna observación que cabría poner en contraste con la concepción de la filosofía del segundo Wittgenstein (especialmente la cuarta), volvemos a encontrarnos con otras que parecen más bien situarse en su trasfondo, y ahora ya sin ni siquiera tener que sustituir «lógica» por «gramática». Fijémonos, por ejemplo, en lo que puede leerse en el parágrafo 109 de las *Investigaciones filosóficas*:

> Era cierto que nuestras consideraciones no podían ser consideraciones científicas [...]. Y no podemos proponer teoría ninguna. No

---

11 Wittgenstein, 2009, CN.
12 Wittgenstein, 2009, CN, 262.

puede haber nada hipotético en nuestras consideraciones. Toda *explicación* tiene que desaparecer y sólo la descripción ha de ocupar su lugar. Y esta descripción recibe su luz, esto es, su finalidad, de los problemas filosóficos. Éstos no son ciertamente empíricos, sino que se resuelven mediante una cala en el funcionamiento de nuestro lenguaje, y justamente de manera que éste se reconozca: *a pesar de* una inclinación a malentenderlo. Los problemas se resuelven no aduciendo nueva experiencia, sino compilando lo ya conocido. La filosofía es una lucha contra el embrujo de nuestro entendimiento por medio de nuestro lenguaje.[13] (Cursivas originales.)

Fuera como fuere, el texto de las «Notas sobre lógica» plantea muchos problemas exegéticos. ¿Qué describe la filosofía —vale decir: la lógica y la metafísica—? ¿Cómo puede describir algo sin proporcionar figuras de la realidad? Si la filosofía describe algo, ¿por qué no puede ni confirmar ni refutar una investigación científica que, es de suponer, también describe algo, a saber: las leyes que rigen los fenómenos que constituyen su campo de estudio? Si la epistemología es filosofía de la psicología, ¿por qué sólo se nos dice que la filosofía consiste en lógica y metafísica? ¿Qué pasaría con la ética o la estética? Etc. El profesor Hacker, en su exposición, nos llama la atención sobre un texto de la primera parte de las *Investigaciones filosóficas*, el parágrafo 97, que puede venir en nuestra ayuda. Se lee allí en su primera parte:

El pensamiento está rodeado de una aureola. Su esencia, la lógica, presenta un orden, y precisamente el orden *a priori* del mundo, esto es, el orden de las *posibilidades* que tienen que ser comunes a mundo y pensamiento. Pero este orden, al parecer, tiene que ser *sumamente simple*. Es *anterior* a toda experiencia; tiene que atravesar toda la experiencia; no puede adherírsele ninguna opacidad o inseguridad empírica. Tiene que ser más bien de cristal purísimo. Pero este cristal no aparece como una abstracción sino como algo concreto, incluso como lo más concreto y en cierto modo lo *más duro*. (*Tractatus*, 5.5563).[14]

---

13 Wittgenstein, 1988, IF, §109.
14 Wittgenstein, 1988, IF, §97. (Cursivas originales.)

¿Qué describe la lógica y la metafísica para Wittgenstein? He aquí la respuesta: el orden *a-priori* de las posibilidades del pensamiento y del mundo. ¿Y cómo puede describirlo sin proporcionar figuras de la realidad? Otro texto de las *Investigaciones* sobre el que igualmente nos llama la atención el profesor Hacker nos proporciona la clave. El parágrafo es ahora el 89, y en sus dos primeros párrafos se lee:

> Estas consideraciones nos colocan en el lugar donde se plantea el problema: ¿hasta qué punto es la lógica algo sublime?
>
> Pues parecería que le correspondería una especial profundidad, un significado universal. Ella está, según parecía, en el fundamento de todas las ciencias. Pues la consideración lógica indaga la esencia de todas las cosas. Intenta ver las cosas en su fundamento y no debe ocuparse de si lo que sucede efectivamente es así o asá. Nace no de un interés por los hechos del acontecer natural, ni de la necesidad de captar conexiones causales. Sino de una aspiración a entender el fundamento, o esencia, de todo lo que la experiencia enseña. Pero no como si debiéramos para ello rastrear nuevos hechos: es más bien esencial a nuestra investigación el que no queramos aprender nada *nuevo* con ella. Queremos *entender* algo que ya está patente ante nuestros ojos. Pues es *esto* lo que, en algún sentido, parecemos no entender.[15]

Una vez más este texto, que el profesor Hacker cita en una forma más abreviada que nosotros, daría pie para ilustrar cómo las tesis acerca de la naturaleza de la filosofía del primer Wittgenstein —aludidas en la primera parte del mismo, la parte que el profesor Hacker cita— sirven de trasfondo a las tesis del último Wittgenstein —pues las tesis del final del párrafo, que el profesor Hacker no cita, son evidentemente tesis que el último Wittgenstein suscribe, como queda todavía más claro si se tiene en cuenta el parágrafo 90, en el que se apunta que las investigaciones gramaticales tienen que ver no tanto con los fenómenos cuanto con su posibilidad—. Pero lo que nos interesa ahora es

---

15 Wittgenstein, 1988, IF, §89. (Cursivas originales.)

que él mismo nos señala la respuesta a nuestra pregunta. Si la lógica y la metafísica describen el orden *a-priori* de las posibilidades del pensamiento y el mundo sin proporcionar ninguna figura de la realidad, ello es debido, justamente, a su significado universal. Universalidad que hay que sacrificar si es que queremos proporcionar una figura.

Ejemplifiquemos esto. Un retrato mío puede figurar el aspecto que yo presentaría si, por ejemplo, me dejara crecer el bigote. Pero lo que un retrato mío no puede figurar es el aspecto que yo presentaría si me dejara o no me dejara crecer el bigote. Una figura (*«picture»* es el término que figura en las versiones que nos han llegado de las «Notas sobre lógica», es de suponer que en alemán el término que Wittgenstein hubiera utilizado sería *«Bild»*), para serlo, ha de presentar una posibilidad particular; no todas las posibilidades. Es por ello que la proposición «llueve» puede considerarse como una figura: pues de todas las posibilidades meteorológicas presenta una sola (que sea el caso o no es irrelevante para su condición de figura). Pero la proposición «llueve o no llueve» ya no puede considerarse en absoluto una figura. Con mucha menos razón la pseudo-proposición completamente generalizada «p o no p» y que es del tipo de pseudo-proposiciones de las que propiamente se ocuparía la lógica.

Así pues, la lógica describe el orden *a-priori* de *todos* los posibles pensamientos. La metafísica, el orden *a-priori* de *todos* los posibles mundos. Y justamente porque no presentan el orden de un posible pensamiento, sino de todos los pensamientos posibles, ni de un único mundo posible, sino el de todos los posibles mundos, es por lo que ni la lógica ni la metafísica suministran figura alguna de la realidad. Así, la primera cristaliza en pseudo-proposiciones completamente generales y tautológicas. Son *vacuidades* carentes de sentido (*Sinnlos*) del estilo «p o no p». La segunda en pseudo-proposiciones no menos generales que, aunque no son formalmente tautologías, sí son, cuando se entiende bien a quien las formula, auténticos *truismos* sin sentido (*Unsinn*) del estilo «El mundo es todo lo que es el caso» (bastaría añadir: «cualquiera que sea el caso... y cualquiera que sea el mundo» para tener un chiste que desentraña el estatuto de toda la ontología del *Tractatus*). «Preguntémonos: ¿Por qué sentimos como *profundo* un chiste gramatical? (Y ésa es por cierto la profundidad filosófica.)»[16]

3. El joven Wittgenstein y el califa Omar

Una pregunta que podríamos hacernos es qué relación guarda el *Tractatus* con la tradición filosófica. Aunque el profesor Hacker no aborda explícitamente esta pregunta me parece, por algunas de las cosas que dice en su artículo, que su posición podría resumirse en los siguientes términos: el *Tractatus* cabría insertarlo en las coordenadas de la tradición filosófica más clásica; se trata de una obra que proporciona un sistema de metafísica y que, de hecho, presenta rasgos que le acercan a esa particular corriente de aquella tradición que es el platonismo.

Para atribuirle al profesor Hacker esta respuesta me baso en las siguientes afirmaciones suyas. En la misma primera página de su trabajo leemos: «*It was only in the 1930's that he* [Wittgenstein] *gradually came to realize that what had appeared to be the scaffolding* of *the world was actually the scaffolding* from which *we describe the world*».[17] Mientras que ya hacia el final del mismo se caracteriza el platonismo en los siguientes términos: « [...] *a priori essentialism regarding concepts and real definitions and realism regarding logical possibility* [...] *the task* [...] *is to reveal the nature of things and the objective language-independent structure of all possible worlds* [...]. *Logical possibility is conceived to be language independent —circumscribing the limits of all possible worlds*».[18]

Si acierto al atribuir al profesor Hacker esta interpretación «platónica» del *Tractatus* —lo que le permitiría incluir su primera obra en la tradición de la *gran* filosofía con la que su *habilidosa*

---

16 Wittgenstein, 1988, *IF*, § 111.
17 Hacker, 2010, 15.
18 Hacker, 2010, 28.

filosofía segunda rompería—, creo que hay buenas razones para ponerla en tela de juicio. Para empezar porque, si algo supone la filosofía del joven Wittgenstein, es un formidable ataque al platonismo lógico de Frege y Russell.

Para el autor del *Tractatus*, ciertamente, nuestras proposiciones figuran la realidad, sí, pero sólo tal y como pensamos ésta.[19] O dicho de otro modo, si lógica y mundo comparten un orden *a priori* no es porque el orden de aquélla refleje el orden de éste, sino justamente al revés: porque en el mundo no podemos por menos que encontrar el orden lógico que sobre él proyectamos al pensarlo. Si el mundo no puede ser ilógico es porque «nosotros no podríamos, en rigor, decir qué aspecto tendría» un mundo así.[20] Al fin y al cabo —recuérdese la observación de las «Notas sobre lógica»— es la lógica la que está en la base de la metafísica, no al revés.

Si la metafísica proto-wittgensteiniana no tiene un sesgo platónico, ¿significa ello que no cabe ponerla en relación con la tradición de la gran filosofía? En absoluto. Sólo que la corriente de la misma con la que cabe emparentarla no es tanto el platonismo cuanto otra corriente que, un tanto para mi sorpresa dado su gran peso específico, el profesor Hacker no menciona en su elenco final de *alternative methods and conceptions* al método y concepción tardo-wittgensteiniana. Me refiero, claro está, al kantismo. Y es que a mi entender la metafísica del primer Wittgenstein —quizás por la influencia interpuesta de Schopenhauer— tiene un sesgo inequívocamente kantiano, no platónico. Idealista, por consiguiente, no realista (aunque en realidad, ya para el primer Wittgenstein, quien no lo olvidemos defiende que el solipsismo «llevado a sus últimas consecuencias» coincide con el puro realismo,[21] hablar tanto de idealismo cuanto de realismo estaría fuera de lugar. Por lo demás, si cupiera hablar de «realismo» en algún periodo del pensamiento wittgensteiniano creo que el mejor can-

---

[19] Wittgenstein, TLP, 1987, 4.01.
[20] Wittgenstein, TLP, 1987, 3.031.
[21] Wittgenstein, TLP, 1987, 5.64.

didato sería el Wittgenstein de transición, pero aun entonces habría que calificar su realismo de «fenomenológico». Y no obstante, incluso este periodo «realista» habría durado bien poco, pues ya en el *The Big Typescript* la fenomenología comienza a ser reconducida a la gramática).

Así pues, encuentro muy equívoco decir que «*It was only in the 1930's that he gradually came to realize that what had appeared to be the scaffolding* of *the world was actually the scaffolding* from which *we describe the world*» porque, tal y como yo lo veo, el primer Wittgenstein ya era consciente de que el andamiaje (lógico) *del* mundo era el andamiaje (de la lógica) *desde el que* describimos el mundo. De nuevo, también en este tema sin duda importantísimo, la filosofía del primer Wittgenstein ofrece no sólo un contraste sino también un trasfondo a la del segundo.

Pero nuestro asunto no es tanto la metafísica wittgensteiniana cuanto sus tesis acerca de la naturaleza de la filosofía. Y aquí el asunto cambia. Pues ciertamente si la pregunta es qué relación guarda la concepción de la filosofía del primer Wittgenstein con la tradición de la gran filosofía la respuesta requiere más de una matización. En efecto, en cierto sentido se puede defender que las tesis wittgensteinianas en este periodo pueden insertarse sin dificultad en la misma corriente kantiana en la que hemos colocado su metafísica. Al fin y al cabo, perfectamente puede leerse a Kant como alguien que basa la metafísica en la lógica (trascendental). Pero en otro sentido, las tesis acerca de la naturaleza de la filosofía del joven Wittgenstein pueden estimarse lo suficientemente radicales como para tomarlas como una ruptura con la tradición. Y es que si bien puede considerarse como tradicional el defender que la filosofía consta de lógica y metafísica (aunque un tanto parcial, pues, como ya preguntábamos más arriba, ¿qué pasa con la ética y la estética?), lo que no parece demasiado tradicional es defender que aquélla es un conjunto de vacuidades y ésta de truismos. En conjunto, de pseudo-proposiciones carentes de sentido y sinsentidos. En este respecto, las tesis meta-filosóficas del primer Wittgenstein son lo suficientemente incendiarias como para hacernos concluir que, después de todo, hubiera tenido su gracia que hubieran sido publicadas en una revista que se llamaba *Der Brenner.*

Sin embargo, desprenderse de la tradición no es tan fácil como parece. Incendiarios no han faltado en la historia de la gran filosofía. Ahí tenemos el ejemplo del «moderado» Hume (por cierto, otro que basaba la metafísica en la lógica), condenando a la hoguera todos los libros que no contuvieran razonamientos experimentales sobre cuestiones de hecho o abstractos sobre la cantidad o el número. Lo rompedor del joven Wittgenstein no estaría tanto en su gesto incendiario sino en la extensión de su ambición pirómana. Porque Hume no quería quemar todos los libros de lógica y metafísica, sino sólo los de teología y metafísica escolástica. Desde luego, no tenía la menor intención de quemar los libros de lógica y metafísica experimental como los de Bacon, Locke o los suyos propios.

Como ya apuntamos, cuando Wittgenstein tiene que pensar su relación con la filosofía que le precede acude a la comparación con el califa Omar, quien según la tradición (cristiana) mandó quemar la biblioteca de Alejandría. Pero incluso esta comparación se quedaría corta. Pues según aquella tradición Omar habría mandado quemar la biblioteca porque con un solo libro, el suyo, *El Corán,* le bastaría. En cambio, Wittgenstein no duda en condenar su propio libro lógico/metafísico.[22] También el *Tractatus* sería, a los ojos de su autor, no más que una sarta de insensateces.

Tenemos ahora una paradoja que podemos ver como consecuencia de la famosa paradoja del *Tractatus.* Es justamente porque Wittgenstein inserta su primera obra en el seno de la tradición de la gran filosofía por lo que trasciende ésta y se sitúa en realidad fuera de ella. Sea como fuere, lo que para nuestros intereses es relevante es que si las tesis acerca de la naturaleza de la filosofía del segundo Wittgenstein son novedosas porque condenan los sistemas metafísicos, entonces esa novedad ya podía arrogársela el primer Wittgenstein. De nuevo, sus primeras tesis acerca de la filosofía parecen ofrecer, más que un contraste, un trasfondo para las últimas.

---

[22] El celebérrimo, y cada vez más discutido, Wittgenstein, TLP, 1987, 6.54.

Quizás sea éste un buen punto para detenernos a hacer cierto balance. Le hemos concedido al profesor Hacker que mientras la primera filosofía de Wittgenstein tiene una naturaleza sistemática y lógico/metafísica, la segunda presenta un carácter misceláneo y gramatical. No obstante, hay ciertos puntos en que las primeras concepciones de la filosofía de Wittgenstein están en continuidad con sus últimas concepciones. Por ejemplo, en lo tocante al carácter puramente descriptivo de la filosofía, su diferencia de la ciencia, o su origen en ciertos malentendidos auspiciados por la lógica y/o gramática de nuestro lenguaje. Por otra parte, aunque cabe situar la metafísica del *Tractatus* dentro de la gran tradición filosófica (si bien más en el seno de la tradición kantiana que del platonismo al que parece apuntar el profesor Hacker), lo paradójico es que ya en esa primera obra se da una condena de toda metafísica (y por lo tanto, de ella misma en tanto que obra que proporciona una). Con lo cual, en cierto sentido, incluso en la condena de la metafísica el primer Wittgenstein estaría de acuerdo con el último. Todos éstos son puntos de no poca monta. Y todos ellos parecen ofrecer el trasfondo constante de la concepción wittgensteiniana de la filosofía, ya desde las «Notas sobre lógica» hasta *Sobre la certeza*.

Pero nuestro objetivo no era sólo señalar que hay ciertos aspectos de la concepción de la filosofía que se mantienen incólumes a lo largo de todo el pensamiento de Wittgenstein, sino apuntar que Wittgenstein pudo llegar a su segunda concepción (y digámoslo ya: práctica) de la filosofía como consecuencia de intentar cumplir el programa fijado en su primera concepción de la misma. De ahí lo gradual del cambio de sus concepciones. Veamos.

4. EL CAMINO NO RECORRIDO

El *Tractatus* no sólo nos suministra una metafísica basada en la lógica y una condena de las pseudo-proposiciones de aquélla por insensatas (*Unsinn*) y de las de ésta por carentes de sentido

(*Sinnlos*). Además describe Wittgenstein en qué consistiría el método correcto de la filosofía: «El método correcto de la filosofía sería propiamente éste: no decir nada más que lo que se puede decir, o sea, proposiciones de la ciencia natural —o sea, algo que nada tiene que ver con la filosofía—, y entonces, cuantas veces alguien quisiera decir algo metafísico, probarle que en sus proposiciones no había dado significado a ciertos signos. Este método le resultaría insatisfactorio —no tendría el sentimiento de que le enseñábamos filosofía—, pero sería el único estrictamente correcto».[23]

«Sería...», *ergo* no es. El método correcto no es el método que Wittgenstein ha seguido. Este método correcto no es un camino que Wittgenstein haya recorrido en el *Tractatus*. Quizás porque sólo pudiera emprenderse después de haber desenmascarado el carácter espurio de toda metafísica, la del propio *Tractatus* incluida.

Volvamos por el momento sobre nuestros pasos, justamente hasta aquel texto de las «Notas sobre lógica» ya citado por nosotros en el que Wittgenstein explicitaba algunas tesis acerca de la naturaleza de la filosofía. Al respecto formulábamos algunas preguntas, por ejemplo: por qué, concibiendo la epistemología como filosofía de la psicología, se nos decía, no obstante, que la filosofía consistía —sólo— en lógica y metafísica.

En el *Tractatus*, esa equiparación entre la teoría del conocimiento y la filosofía de la psicología se mantiene.[24] Sin embargo, en su abortada ponencia de 1929 sobre la forma lógica, Wittgenstein dice algo diferente sobre la teoría del conocimiento. Después de hablar de las proposiciones atómicas afirma que «La tarea de la teoría del conocimiento es encontrarlas y comprender su construcción a partir de palabras o símbolos».[25] Una tarea, la de decidir (*entscheiden*) qué proposiciones elementales hay, que en el

---

[23] Wittgenstein, TLP, 1987, 6.53.
[24] Wittgenstein, TLP, 1987, 4.1121.
[25] Véase «Algunas observaciones sobre la forma lógica», en Wittgenstein, OF, 1997, 47.

Tractatus Wittgenstein había encomendado a la... ¡aplicación de la lógica! (*Die* Anwendung *der Logik*).[26] Si ahora establecemos la equiparación «teoría del conocimiento» = «filosofía de la psicología» = «aplicación de la lógica», podemos, para empezar, entender por qué para Wittgenstein la filosofía consta —sólo— de lógica y metafísica. A saber, porque la epistemología o teoría del conocimiento, la filosofía de la psicología, no es más que lógica aplicada (dejemos de lado la pregunta que planteábamos acerca del destino de la ética y la estética, aunque la respuesta más tentadora parecería ser que ambas caerían del lado de la metafísica). Pero también, y esto es aún más importante para nuestros propósitos, podemos entender lo que Wittgenstein pensaba que quedaba por hacer una vez escrito el *Tractatus*, a saber: aplicar la lógica, hacer teoría del conocimiento o filosofía de la psicología.

Ahora bien, Wittgenstein, un tanto sorprendentemente para quien tienda a adscribir sus significados habituales a aquellos rótulos disciplinares —sobre todo al de «teoría del conocimiento» o «epistemología»— entiende, según nos dice en aquella frustrada ponencia, que ésta es una «tarea muy difícil y la Filosofía apenas sí ha empezado a confrontarla en algunos puntos».[27] Es evidente que por «teoría del conocimiento», entendida como lógica aplicada o filosofía de la psicología, Wittgenstein estaba entendiendo algo diferente de las «inesenciales investigaciones psicológicas de los procesos de pensamiento» en las que a su entender tan a menudo se habían enredado los filósofos que le precedieron.[28] Pero entonces, ¿qué era esa (novedosa) teoría del conocimiento que Wittgenstein se proponía llevar adelante?

Es en este punto donde podemos —y debemos— acudir a su ya muy temprana desconfianza hacia la gramática (o lógica, o sintaxis) del lenguaje ordinario. Y es que ya el más joven Wittgenstein pensaba que los modos de representación de éste facilitan el extravío filosófico. Pongamos un ejemplo, inspirado en las pro-

26 Wittgenstein, TLP, 1987, 5.557.
27 Wittgenstein, OF, 1997, 47.
28 Wittgenstein, TLP, 1987, 4.1121.

pias «Notas sobre lógica» (pero que tiene su continuidad en el *Tractatus*). Cuando describimos una relación, por ejemplo «Juan ama a Helena» («aRb», en notación conceptual), utilizamos para ello una expresión tan sustantiva («ama», o «*R*») como los sustantivos («Juan» o «a» y «Helena» o «b») que refieren los *relata*. Así, del mismo modo que éstos designan una cosa, ¿qué más natural que pensar que el término relacional designa otra? Pero una vez cedemos a esta tentación los «problemas» filosóficos se disparan, porque, por ejemplo, si una relación es lo que se necesita para relacionar dos cosas, y ahora resulta que la relación es ella misma una cosa, ¿no necesitaremos dos nuevas relaciones para relacionar, respectivamente, a la relación con cada uno de los dos primitivos *relata*? Y así *ad infinitum*.

Esta propensión al equívoco que el lenguaje ordinario genera es explícitamente formulada en el *Tractatus*:

> El hombre posee la capacidad de construir lenguajes en los que cualquier sentido resulte expresable, sin tener la menor idea de cómo y qué significa cada palabra. Al igual que se habla sin saber cómo se producen los diferentes sonidos.
>
> El lenguaje ordinario es una parte del organismo humano y no menos complicado que éste.
>
> Es humanamente imposible extraer de él inmediatamente la lógica del lenguaje.
>
> El lenguaje disfraza el pensamiento. Y de un modo tal, en efecto, que de la forma externa del ropaje no puede deducirse la forma del pensamiento disfrazado; porque la forma externa del ropaje está construida de cara a objetivos totalmente distintos que el de permitir reconocer la forma del cuerpo.
>
> Las convenciones tácitas para la comprensión del lenguaje ordinario son enormemente complicadas.[29]

Y prosigue:

> La mayor parte de las proposiciones e interrogantes que se han escrito sobre cuestiones filosóficas no son falsas, sino absurdas. De ahí

---

[29] Wittgenstein, TLP, 1987, 4.002.

que no podamos dar respuesta en absoluto a interrogantes de este tipo, sino sólo constatar su condición de absurdos. La mayor parte de los interrogantes y proposiciones de los filósofos estriban en nuestra falta de comprensión de nuestra lógica lingüística.

(Son del tipo del interrogante acerca de si lo bueno es más o menos idéntico que lo bello.)

Y no es de extrañar que los más profundos problemas *no* sean problema *alguno*.[30]

Semejantes textos, si hubiéramos de ponerlos en relación con los puntos de vista del último Wittgenstein, se prestarían a más de un comentario (repárese, por ejemplo, en el enfoque organicista del lenguaje ordinario que Wittgenstein adopta: «El lenguaje ordinario es una parte del organismo humano...», ¿otro trasfondo de sus «nuevos pensamientos»?). Yo sólo quiero volver a insistir en que esta concepción del lenguaje como fuente de malentendidos filosóficos se mantiene incólume a lo largo de toda la obra de Wittgenstein. Baste recordar la formulación lapidaria del parágrafo 109 de las *Investigaciones* ya citada por nosotros: «La filosofía es una lucha contra el embrujo de nuestro entendimiento por medio de nuestro lenguaje» (la misma idea está recogida por activa y por pasiva en el capítulo dedicado a la «Filosofía» en el *Big Typescritpt*, recogido en *Ocasiones filosóficas*; sin duda, la exposición más extensa de su concepción de la misma que Wittgenstein nos dejó. Cf. en concreto el capítulo 12, sección 90: «Filosofía. La clarificación del uso del lenguaje. Trampas del lenguaje»). Pero volvamos a su consideración intrínseca.

Lo que Wittgenstein nos está diciendo es algo como lo siguiente. Los hombres tienen pensamientos que expresan en el lenguaje ordinario. Ahora bien, las reglas de transcripción, vamos a decirlo así, de aquellos pensamientos en este lenguaje son extraordinariamente complicadas y desconocidas para los propios hablantes. Es por ello que cabe aquí el extravío filosófico. (Dicho sea de paso, si sustituimos «pensamientos» por «deseos» y «lenguaje» por «sueños», podríamos entender por qué Wittgenstein estuvo varias

---

[30] Wittgenstein, TLP, 1987, 4.003.

veces tentado de compararse con Freud, a pesar de todas sus reticencias hacia el psicoanálisis.)

Repárese bien en lo que Wittgenstein está defendiendo. No se trata de que debamos renunciar al lenguaje ordinario para adoptar un lenguaje diferente: «Todas las proposiciones de nuestro lenguaje ordinario están de hecho, tal como están, perfectamente ordenadas desde un punto de vista lógico».[31] El problema surge cuando, dejándonos llevar por la forma lógica aparente de sus oraciones, intentamos interpretar el sentido que éstas expresan, la forma real de los pensamientos que aquéllas expresan. Aquí es donde surge la posibilidad de extravío filosófico.

¿Cómo combatir este peligro? No, desde luego, proponiendo un lenguaje alternativo, un lenguaje filosófico, una doctrina, sino simplemente aclarando el sentido de las oraciones de aquel lenguaje y, podríamos ahora repetir lo que reza 6.53, «cuantas veces alguien quisiera decir algo metafísico, probarle que en sus proposiciones no había dado significado a ciertos signos».[32]

Ésta sería la tarea —a la vez clarificadora y terapéutica— que competería a la aplicación de la lógica —pues se trata de analizar las proposiciones del lenguaje ordinario o de la ciencia para descubrir su forma lógica real, el conjunto de proposiciones elementales o atómicas al que en última instancia remiten— o filosofía de la psicología —pues en última instancia no estamos sino clarificando el pensamiento, lo que queremos decir cuando se utilizan determinadas expresiones— o teoría del conocimiento —pues es el valor de verdad de las proposiciones elementales en las que desemboca el análisis de una expresión lo que tendríamos que conocer para poder saber el valor de verdad que correspondería a ésta.

En el *Tractatus logico-philosophicus*, 4.112, explicita Wittgenstein esta comprensión novedosa de la filosofía:

---

[31] Leemos en Wittgenstein, TLP, 1987, 5.5563 (para clarificar este parágrafo es importante acudir a Wittgenstein, 1988, IF, §97 y §98).

[32] Wittgenstein, TLP, 1987, 6.53.

La filosofía es la clarificación lógica de los pensamientos.
La filosofía no es una doctrina, sino una actividad.
Una obra filosófica consta esencialmente de aclaraciones.
El resultado de la filosofía no son «proposiciones filosóficas», sino el que las proposiciones lleguen a clarificarse. La filosofía debe
clarificar y delimitar nítidamente los pensamientos, que de otro modo son, por así decirlo, turbios y borrosos.[33]

Lo único, añadimos nosotros, es que el *Tractatus* no ejemplifi-
ca esta concepción. Éste era el método que había que aplicar una
vez escrito. El camino que quedaba por recorrer.

5. CONTINUIDAD Y RUPTURA

Vayamos ahora a las *Investigaciones*. Al final del parágrafo 89 cita
una vez más Wittgenstein a San Agustín:

> Agustín (*Conf.*, XI/14): «*quid est ergo tempus? si nemo ex me quaerat
> scio; si quarenti explicare velim, nescio*». Esto no podría decirse de
> una pregunta de la ciencia natural (por ejemplo, la pregunta por el
> peso específico del hidrógeno). Lo que se sabe cuando nadie nos
> pregunta, pero ya no se sabe cuando debemos explicarlo, es algo de
> lo que debemos *acordarnos*. (Y es obviamente algo de lo que por al-
> guna razón uno se acuerda con dificultad.)[34]

Y continúa en el 90:

> Nos parece como si tuviéramos que *penetrar* los fenómenos: nuestra
> investigación, sin embargo, no se dirige a los *fenómenos*, sino, como
> pudiera decirse, a las «*posibilidades*» de los fenómenos. Nos acor-
> damos, quiere esto decir, del *tipo de enunciado* que hacemos sobre
> los fenómenos. De ahí que Agustín se acuerde también de los di-
> versos enunciados que se hacen sobre la duración de los sucesos,
> sobre su pasado, presente o futuro. (Éstos no son, naturalmente,

---

33 Wittgenstein, TLP, 1987, 4.112.
34 Wittgenstein, 1988, IF, §89.

enunciados *filosóficos* sobre el tiempo, el pasado, el presente y el futuro.)

Nuestro examen es por ello de índole gramatical. Y éste arroja luz sobre nuestro problema quitando de en medio malentendidos. Malentendidos que conciernen al uso de las palabras; provocados, entre otras cosas, por ciertas analogías entre las formas de expresión en determinados dominios de nuestro lenguaje. Algunos de ellos pueden sustituirse sustituyendo una forma de expresión por otra; esto puede llamarse un «análisis» de nuestras formas de expresión, pues el proceso tiene a veces semejanza con una descomposición.[35]

Si releyéramos ahora *Tractatus* 6.53, quizás bastara sustituir las «proposiciones de la ciencia natural» allí mentadas por «enunciados que hacemos sobre los fenómenos»[36] —esto es aquí: enunciados del lenguaje ordinario (pero téngase en cuenta que, como ya advertimos, el *Tractatus* tampoco tenía nada contra el lenguaje ordinario)—, para poder entender las *Investigaciones filosóficas* como una aplicación del «método correcto» que allí se prescribía para la filosofía. O sea: se trata de no decir nada propiamente filosófico sino, cuando alguien diga algo metafísico, cuando se extravíe debido a ciertas analogías superficiales entre las formas de expresión de nuestro lenguaje, mostrarle que algunos de los términos que utiliza en sus proposiciones no tienen significado, recordándole cómo se usan esos términos en el lenguaje corriente. Se trata, en definitiva, de disipar malentendidos filosóficos (metafísicos) mediante la clarificación o análisis de nuestras formas de expresión.

Las *Investigaciones filosóficas* pueden interpretarse, pues, como el resultado del método ideal de filosofar prescrito al final del *Tractatus logico-philosophicus... quod erat demonstrandum*. Método que Wittgenstein había estado intentando poner en práctica desde el mismo momento de su vuelta a la filosofía en 1929.

Suscribo, por consiguiente, completamnte las palabras de Armando De Palma en su «*Nota introduttiva*» a la edición italiana del *Big Typescrit*: «*Attraverso fasi alterne, lentamente si imposi a*

---

[35] Wittgenstein, 1988, IF, §90.
[36] Wittgenstein, TLP, 1987, 6.53.

Wittgenstein una "svolta stilistica" che mise capo all'ultimo tentativo, incompiuto, di scrivere un libro: le Philosophische Untersuchungen... *Cominciava, cioè, a intravedere una strategia espositiva differente, destinata a condurlo dall'idea del "trattato", in cui tutta la materia debe essere organizzata per argomenti e disposta linearmente nella successione dei capitoli e delle sezioni, all'idea del "frammento", giudicato il modo migliore per rispecchiare la materia anche nella forma della scrittura. Ossia l'esposizione per frammenti, tra loro variamente interconnessi o interconnettibili, avrebbe dovuto fer capire quanto inaudita sia la complessità del linguaggio e delle convenzioni che presiedono al suo uso, ma anche quanto siano ostinate le inclinazioni dei filosofi e dei matematici che sempre li inducono daccapo a formulare false immagini ed analogie, a equivocare l'uso effettivo del linguaggio. In sostanza, l'esposizione doveva riflettere il carattere della filosofia in quanto attività chiarificatrice di problemi e alleviatrice di inquietudini, un'attività senza la quale il filosofo scivola in domande assurde e in risposte insensate che mettono capo alla metafisica. Quindi l'idea della filosofia come attività resta pur sempre quella menzionata nel* Tractatus, *solo che ora il livro avrebbe rappresentato l'andamento di questa attività così complicata».*[37]

No obstante, esta re-descripción de las relaciones entre la primera y la segunda concepción wittgensteiniana de la filosofía, a pesar de presentar a mi entender ventajas sobre la que sugiere el profesor Hacker (por ejemplo, explicarnos lo tardío de la toma de conciencia por parte de Wittgenstein de la diferencia entre sus primeros y últimos pensamientos), quizás adolezca del peligro simétrico que acecha a la de éste. Acentuando la continuidad podría hacernos perder de vista la novedad. A paliar en la medida de lo posible este riesgo van destinadas las siguientes consideraciones.

Defendemos que la concepción *general* de la filosofía se mantiene incólume desde el primer Wittgenstein —ya el Wittgenstein de las «Notas sobre lógica»— hasta el último —y cabría ir más

---

[37] De Palma, 2002, XV-XVI.

allá de las *Investigaciones Filosóficas* hasta *Sobre la certeza*—. Igualmente defendemos que cabe ver la segunda filosofía de Wittgenstein como una aplicación del método correcto que el primer Wittgenstein prescribió, pero no aplicó, en su primera obra. Pues bien, lo que queremos ahora añadir es que la aplicación de ese método correcto se vuelve contra el mismo proyecto filosófico del primer Wittgenstein, sobreponiendo, por así decirlo, una nueva crítica a la que paradójicamente el propio *Tractatus* hacía de su dimensión metafísica. Veamos.

Como se recordará, el *Tractatus* nos proporcionaba una metafísica sobre la base de la lógica. Mostrado el sinsentido de las pseudo-proposiciones de aquélla y la carencia de sentido de las pseudo-proposiciones de ésta, la tarea filosófica consiste en hacer terapia de las veleidades del metafísico remitiendo sus expresiones a su uso ordinario (o científico), lo que mostrará su insensatez. Pues bien, ¿qué ocurre cuando se aplica este mismo método a las nociones con que el autor del *Tractatus* construyó su sistema?

El parágrafo 97 de las *Investigaciones filosóficas*, ya parcialmente citado por nosotros y por el profesor Haker, nos da la respuesta. Citémoslo ahora por completo:

> El pensamiento está rodeado de una aureola. Su esencia, la lógica, presenta un orden, y precisamente el orden *a priori* del mundo, esto es, el orden de las *posibilidades* que tienen que ser comunes a mundo y pensamiento. Pero este orden, al parecer, tiene que ser *sumamente simple*. Es *anterior* a toda experiencia; tiene que atravesar toda la experiencia; no puede adherírsele ninguna opacidad o inseguridad empírica. Tiene que ser más bien de cristal purísimo. Pero este cristal no aparece como una abstracción sino como algo concreto, incluso como lo más concreto y en cierto modo lo *más duro*. (*Tractatus*, 5.5563).
>
> Estamos bajo la ilusión de que lo peculiar, lo profundo, lo que es esencial en nuestra investigación reside en que trata de captar la incomparable esencia del lenguaje. Esto es, el orden existente entre los conceptos de proposición, palabra, deducción, de verdad, de experiencia, etc. Este orden es un *super*-orden entre —por así decirlo— *super*-conceptos. Mientras que por cierto las palabras «lenguaje»,

«experiencia», «mundo», si es que tienen un empleo, han de tenerlo tan bajo como las palabras «mesa», «lámpara», «puerta».[38]

Es decir, que cuando aplicamos el método filosófico correcto a los conceptos implicados en la lógica y en la metafísica tractariana lo que se descubre es que esos mismos conceptos —conceptos como los de «proposición», «palabra», «deducción», «verdad», «lenguaje», «experiencia», «mundo», etc.— tienen un uso tan humilde y cotidiano como cualquier otro; un uso que el autor del *Tractatus*, como cualquier otro metafísico, obvió. Lo que nos ofreció, en su lugar, fue una imagen super-simplificada de estos conceptos. Es interesante comparar la multiplicidad de herramientas del lenguaje y de sus modos de empleo, la multiplicidad de géneros de palabras y oraciones, con lo que los lógicos han dicho sobre la estructura del lenguaje.[39] Se confundió lo que es un mero ideal —la lógica formal— con la realidad: el lenguaje.[40] Y así, como no se encontraba aquel orden simple y preciso en la superficie enmarañada y vaga de éste, se le supuso escondido en lo profundo, en su esencia.[41] En cuatro parágrafos de las *Investigaciones*, los que van del 105 al 108, Wittgenstein explica, en realidad, lo que fue su propio proceso de retractación. Lo que él dice allí se me antoja mucho más claro que cualquier comentario o paráfrasis que yo pudiera hacer:

105. Cuando creemos que hemos de encontrar en el lenguaje real ese orden, el ideal, quedamos descontentos con lo que en la vida ordinaria se llama «proposición», «palabra», «signo».

La proposición, la palabra de la que trata la lógica ha de ser algo puro y nítidamente recortado. Y ahora nos rompemos la cabeza sobre la naturaleza del signo real. ¿Es quizá la *imagen* del signo?, ¿o la imagen en el instante actual?

---

38 Wittgenstein, 1988, IF, §97.

39 Incluyendo al autor del *Tractatus logico-philosophicus*. Wittgenstein, 1988, IF, §23.

40 Cf. por ejemplo, a este respecto, las observaciones del 20/6/1915 y 21/6/1915 de los *Cuadernos de notas, 1914-1916*.

41 Wittgenstein, 1988, IF, §§97 y ss.

106. Aquí es difícil mantener, por así decirlo, la cabeza despejada, ver que tenemos que permanecer en las cosas del pensamiento cotidiano y no caer en el extravío de que nos parezca que tendríamos que describir sutilezas extremas que, sin embargo, en absoluto podríamos describir con nuestros medios. Nos parece como si debiéramos reparar con nuestros dedos una tela de araña.

107. Cuanto más de cerca examinamos el lenguaje efectivo, más grande se vuelve el conflicto entre él y nuestra exigencia. (La pureza cristalina de la lógica no me era *dada como resultado*; sino que era una exigencia.) El conflicto se vuelve insoportable; la exigencia amenaza ahora convertirse en algo vacío. Vamos a parar a terreno helado en donde falta la fricción y así las condiciones son en cierto sentido ideales, pero también por eso mismo no podemos avanzar. Queremos avanzar; por ello necesitamos la *fricción*. ¡Vuelta a terreno áspero!

108. Reconocemos que lo que llamamos «proposición» y «lenguaje» no es la unidad formal que imaginé, sino que es la familia de estructuras más o menos emparentadas entre sí. ¿Pero en qué se convierte ahora la lógica? Su rigor parece deshacerse. ¿Pero no desaparece enteramente por eso? ¿Pues cómo puede la lógica perder su vigor? Naturalmente, no porque se le rebaje algo de su vigor. El *prejuicio* de la pureza cristalina sólo puede apartarse dándole la vuelta a todo nuestro examen. (Podría decirse: ha de dársele la vuelta al examen, pero sobre nuestra necesidad real como gozne.)

La filosofía de la lógica no habla de oraciones y palabras en ningún sentido distinto de aquel en que lo hacemos en la vida ordinaria cuando decimos, por ejemplo, «aquí hay escrita una oración china» o «no, esto sólo tiene el aspecto de escritura, pero es un ornamento», etc.

Hablamos del fenómeno espacial y temporal del lenguaje; no de una aberración inespacial e intemporal. (*Nota al margen*: sólo es posible interesarse por un fenómeno en una variedad de maneras.) Pero hablamos de él como de las piezas de ajedrez al dar reglas para ellas, no al describir sus propiedades físicas.

La pregunta «¿Qué es realmente una palabra?» es análoga a «¿qué es una pieza de ajedrez?».[42]

---

[42] Wittgenstein, 1988, IF, §§105-108. (Cursivas originales.)

El *Tractatus* prescribía, sí, un nuevo método para la filosofía: la aplicación de la lógica. Pero lo hacía bajo la asunción de un prejuicio (*Vorurteil*), a saber: la filosofía no puede contradecir la lógica («Esto es claro: la lógica no puede chocar con su aplicación»).[43] Pues bien, cuanto más se intenta aplicar la lógica, esto es: «cuanto más de cerca examinamos el lenguaje efectivo», más grande se vuelve el conflicto entre él y aquella exigencia (*Forderung*). Es decir, el lenguaje efectivo no respeta las condiciones ideales del cálculo lógico (por ejemplo, la supuesta independencia del valor de verdad de las proposiciones elementales; asunto de la abortada ponencia sobre la forma lógica de 1929). Al final «el conflicto se vuelve insoportable» y se decanta del lado de la realidad antes que del modelo. El prejuicio queda superado («Sólo podemos, pues, salir al paso de la injusticia o vaciedad de nuestras aserciones exponiendo el modelo como lo que es, como objeto de comparación, como, por así decirlo, una regla de medir; y no como prejuicio al que la realidad *tiene que* corresponder. [El dogmatismo en el que tan fácilmente caemos al filosofar]»).[44] El lenguaje no tiene al cálculo lógico como su esencia. La lógica debe concebirse de un modo diferente. El *Tractatus* no sólo ofrecía una metafísica insensata basada sobre una lógica carente de sentido, sino además, y quizás especialmente, una imagen distorsionada del lenguaje y de la realidad. La indagación gramatical (del uso de términos como «proposición», «significado», «palabra», «lenguaje», «mundo», «verdad», etc.) condena por simplificador y dogmático (y ya no sólo por insensato) el proyecto de construir un sistema metafísico basado en la lógica. Ahora bien, si la aplicación de la lógica termina por alterar nuestro concepto de ésta, ¿no debería esta modificación terminar por afectar a su vez a aquella aplicación?

En efecto, mientras Wittgenstein supuso que la lógica suponía la esencia profunda y oculta del lenguaje, su aplicación tomaba la forma privilegiada no de la construcción de un lenguaje ideal

---

43 Wittgenstein, TLP, 1987, 5.557.
44 Wittgenstein, 1988, IF, §131.

(«Por un lado es claro que toda oración de nuestro lenguaje "está en orden tal y como está". Es decir, que no aspiramos a un ideal: Como si nuestras oraciones ordinarias, vagas, aún no tuviesen un sentido totalmente irreprochable y hubiera primero que construir un lenguaje perfecto [...]»,[45] evidentemente estas palabras explican el significado de T. 5.5563), pero sí de la elaboración de un simbolismo, de una notación perspicua:

> La idea es expresar en un simbolismo adecuado lo que en el lenguaje ordinario nos conduce a un sinfín de malentendidos. Es decir, allí donde el lenguaje ordinario disfraza la estructura lógica, donde permite la formación de pseudo-proposiciones, donde usa un término con una infinidad de significados distintos, nosotros hemos de reemplazarlo por un simbolismo que dé una figura más clara de la estructura lógica, excluya pseudo-proposiciones, y use sus términos sin ambigüedad. «Algunas observaciones sobre la forma lógica.»[46]

La idea no era nueva sino que venía de muy lejos en la biografía intelectual de Wittgenstein —forjada quizás a partir de su temprana lectura de los *Principios de la mecánica* de Heinrich Hertz («Toda la tarea de la filosofía, tal como yo la ejerzo, consiste en expresarme de tal manera que ciertas intranquilidades //problemas// desaparezcan» (Hertz).[47] «El método de la filosofía: la representación perspicua de los hechos gramaticales //lingüísticos//. La meta: transparencia de los argumentos»[48])—. Los errores a los que pueda dar lugar un modo de expresión no requieren para corregirse de ninguna teoría sino de un modo de expresión alternativa. Desde luego, ya está explicitada en el *Tractatus*,[49] y todavía en el *Big Typescript*, cuando Wittgenstein pretende clarificar el concepto de «gramática» poniéndolo en relación con la noción de «regla», afirma que ofrecer a quien está

45 Wittgenstein, 1988, IF, §98.
46 Wittgenstein, OF, 1997, 47.
47 Wittgenstein, BT, 2002, XII, 89.
48 Wittgenstein, OF, 1997, 181.
49 Wittgenstein, TLP, 1987, 3.324.

confuso una regla no es diferente de ofrecerle una notación y que en la mayor parte de los casos se trata de traducir las proposiciones de la vieja notación (quizás del lenguaje hablado) en las proposiciones correspondientes del nuevo estilo: «Regla y proposición empírica. ¿Dice una regla que las palabras son efectivamente usadas de tal y tal modo?».[50]

En definitiva, pues, que mientras Wittgenstein estuvo preso de la ilusión de una lógica precisa y simple subyacente al lenguaje vago y complejo, y por ello mismo presto a generar equívocos filosóficos, pensó que la aplicación de la lógica —esa tarea a la vez clarificadora y terapéutica que constituía el método correcto de la filosofía— debía concretarse en la elaboración de un simbolismo o notación perspicua. Ahora bien, cuando aquella ilusión es exorcizada, cuando Wittgenstein consigue librarse del prejuicio de que a la expresión vaga propia del lenguaje ordinario debe subyacer un sentido determinado que es el que realmente ha querido comunicarse, entonces de lo que se trata es de «mantener la cabeza despejada», esto es: «permanecer en las cosas del pensamiento cotidiano»,[51] de preguntarse, ante el empleo metafísico de términos como «conocimiento», «ser», «objeto», «yo», «proposición», «nombre», etc., «¿Se usa efectivamente esta palabra de este modo en el lenguaje en que tiene su tierra natal?»; de reconducir «las palabras de su empleo metafísico a su empleo cotidiano».[52]

No es que la búsqueda de nuevas formas de expresión que sustituyan a las formas que llevan a equívoco estén ahora totalmente proscritas (recuérdese lo que se nos dijo en IF 90: *algunos* malentendidos «pueden apartarse sustituyendo una forma de expresión por otra; esto puede llamarse un "análisis" de nuestras formas de expresión...»[53]), lo que sí está descartado es que ésta sea la única concreción del método («No hay un único método en filosofía, si bien hay realmente métodos, como diferentes tera-

[50] Wittgenstein, BT, 2002, capítulo VII, sección 57.
[51] Wittgenstein, 1988, IF, §106.
[52] Wittgenstein, 1988, IF, §116.
[53] Wittgenstein, 1988, IF, §90.

pias»[54]) y, en cualquier caso, pensar que pueda haber algo así como un análisis único y definitivo.[55]

Vemos ahora cómo, siendo verdad que hay continuidad entre la concepción de la filosofía sostenida por el primer Wittgenstein y por el segundo, y siendo verdad que igualmente podemos describir la filosofía de este último como la realización del programa que el primero atisbara, no es menos cierto que hay discontinuidad en el modo en que uno y otro practicaron la filosofía, y no sólo porque el segundo realizara lo que el primero dejó pendiente sino también porque al intentar poner en práctica aquel programa se percató de los prejuicios y dogmas que escondía. Y podemos comprender ahora que «el giro estilístico» que lleva del aforismo al fragmento, del sistema al bosquejo, no es caprichoso sino, como advertía el mismo Wittgenstein, algo conectado «con la naturaleza misma de la investigación»;[56] puesto que si de lo que se trata es de considerar el «fenómeno espacial y temporal del lenguaje», entonces no debemos olvidar que «Sólo es posible interesarse por un fenómeno en una variedad de maneras».[57]

6. Historicismo sin historia... y etnología sin etnografía

El principal objetivo que nos marcamos al inicio de este trabajo está ahora cumplido. Creo que más que objetar los puntos de vista del profesor Hacker (quizás nuestra discrepancia más grave tenga que ver con la lectura platónica de la lógica y la metafísica del *Tractatus* que parece adivinarse tras de su escrito, por contraposición a mi lectura kantiana), simplemente he introducido una puntualización a los mismos. Si en cierto sentido es legítimo decir —como afirma el profesor Hacker— que Wittgenstein cambió su

---

[54] Wittgenstein, 1988, IF, §133.
[55] Wittgenstein, 1988, IF, §§91 y ss.
[56] Wittgenstein, 1988, IF, «Prólogo», 11.
[57] Wittgenstein, 1988, IF, §108.

visión de la filosofía; en otro sentido puede defenderse con la misma legitimidad que tal cambio no se produjo e, incluso, que los segundos pensamientos del filósofo austriaco son el resultado de poner en práctica el método que había considerado como el único correcto cuando joven. Los primeros pensamientos wittgensteinianos acerca de la naturaleza de la filosofía no sólo contrastan sino que también ofrecen un trasfondo para entender sus últimos planteamientos al respecto.

Podría en este punto abandonar mi reflexión, pues para con el resto del trabajo del profesor Hacker no puedo sino, como ya hice, expresar mi acuerdo y admiración. No obstante, quisiera, a propósito de lo que defiende sobre el «Ethnological Approach» de Wittgenstein, no tanto hacer puntualización ninguna sino, más bien, añadir por mi cuenta alguna consideración ulterior. Y ello porque semejante *addenda* creo que me permitirá, para ya concluir, volver sobre un terreno en el que quizás sí difiera de los planteamientos del profesor Hacker.

Que el segundo Wittgenstein adopta en su filosofía un enfoque etnológico es algo difícilmente discutible. Aparte de la observación de *Aforismos. Cultura y valor* con la que prácticamente abre el profesor Hacker su trabajo, resulta de lo más significativo que en el capítulo del BT dedicado a explicitar su concepción de la filosofía, en su última sección, la 93 («La mitología en las formas de nuestro lenguaje [Paul Ernst]»[58]), Wittgenstein haga uso de algunas de sus observaciones sobre *La rama dorada* de Frazer. Ahora bien, ¿qué significa este enfoque etnológico? ¿Cuál es su alcance?

A mi entender, estas preguntas no admiten una única respuesta. Parte, quizás central, de lo que pueda querer apuntar Wittgenstein cuando habla de «enfoque etnológico» (*die ethnologischen Betrachtungsweise*) de la filosofía es el parecido en el cometido del etnólogo y del filósofo. A saber: a ambos compete la descripción de un conjunto de reglas (y por lo tanto, para el segundo Wittgenstein, de formas de vida): «Los salvajes tienen jue-

---

[58] Wittgenstein, BT, 2002, sección 93.

gos (o así es, en cualquier caso, como los llamamos) para los que
no tienen ninguna regla escrita, ningún catálogo de reglas. Imaginemos ahora la actividad de un *investigador* que viaja por las tie-
rras de estos pueblos y hace un catálogo de las reglas de sus juegos. Esto es completamente análogo a lo que hace el filósofo.
(Pero ¿por qué no digo: los salvajes tienen lenguajes [o nosotros...] [...] no tienen ninguna gramática escrita [...])».[59] Otro
punto importante podría ser la analogía entre el interés del etnólogo en los mitos de las culturas primitivas y el del filósofo por los
mitos que se esconden detrás de nuestro propio lenguaje (recuérdese: «En nuestro lenguaje está depositada toda una mitología»),[60] de modo que el filósofo aparecería como una especie de
etnólogo de nuestra propia forma de vida, alguien que nos recor-
daría lo que de salvaje hay también en nosotros: «Diría: nada
muestra mejor nuestra afinidad con esos salvajes que el que Frazer tenga a mano una palabra tan familiar, para él y para nosotros,
como *ghost* ("fantasma") o *shade* ("sombra"), para describir los
puntos de vista de esa gente»;[61] claro que se trataría del filósofo
«wittgensteiniano», pues el filósofo tradicional sería, en cierto
sentido, el más salvaje de los civilizados («Prestamos atención a
nuestros propios modos de expresión concernientes a estas cosas,
pero no los entendemos, sino que los malinterpretamos. Somos,
cuando filosofamos, como salvajes, hombres primitivos, que oyen
los modos de expresión de hombres civilizados, los malinterpre-
tan y luego extraen las más extrañas conclusiones de su interpretación».[62] En el *Big Typescript*, Wittgenstein ilustra esta tendencia
a la mitificación del filósofo tradicional con un ejemplo que le
afecta a él mismo: «Expulsar a la muerte o matar a la muerte; pero por otro lado se la representa como un esqueleto, como muerta
en cierto sentido. *As dead as death*. "¡Nada está tan muerto como
la muerte; nada es tan bello como la belleza misma!" La figura

---

[59] Wittgenstein, BT, 2002, XII, 90, y Wittgenstein, OF, 1997, 184.
[60] Wittgenstein, BT, 2002, XII, 93, y Wittgenstein, OF, 1997, 189.
[61] Wittgenstein, BT, 2002, XII, 93, y Wittgenstein, OF, 1997, 189.
[62] Wittgenstein, 1988, IF, §194.

bajo la cual uno concibe la realidad es tal que la belleza, la muerte, etc. es la sustancia pura (concentrada) (son las sustancias puras [concentradas]), mientras que está presente en un objeto bello, en una mezcla. ¿Y no reconozco aquí mis propias consideraciones sobre "objeto" y "complejo"? (Platón)»,[63] con lo que la tarea terapéutica de aquél con respecto a éste aparece ahora bajo una nueva luz: la desmitificación.

Sea como fuere, el profesor Hacker no subraya ninguno de estos aspectos de lo que Wittgenstein pueda haber querido decir al hablar de un enfoque etnológico de su filosofía. En su opinión: «*That human beings use language, engage in language-games, perform acts of speech in the context of their activities —these are anthropological facts about the natural history of man. What warrants using the epithets "ethnological approach" or "anthropological approach" in describing Wittgenstein's later philosophy is the perspective from wich he views conceptual matters. Unlike Frege, Wittgenstein treats concepts nos as entities to be discovered, but as techniques of using words* [...]. *Concepts are human creations, made not found. They are comparable to instruments made for human purposes* [...]. *They are rule-governed techniques of word use* [...]. *The use of words is integrated into the activities of human beings in the stream of life. These activities are part of human natural history. Wittgenstein found it fruitful to view them anthropologically or ethnologically. This comes out in two aspects of his approach to the characterization of concepts and conceptual networks: first, the primacy of action and practice, and second, the historicism*».[64]

No tengo el menor reparo que poner a estas afirmaciones del profesor Hacker ni mucho menos al brillante desarrollo que hace de las mismas, si acaso que éstas no son *sólo* razones para «*using the epithets "ethnological approach" or "anthropological approach" in describing Wittgenstein's later philosophy*» sino *también*, por ejemplo, para utilizar los epítetos «naturalismo» (al menos de

---

63 Wittgenstein, BT, 2002, XII, 93, y Wittgenstein, OF, 1997, 189.
64 Hacker, 2010, 18-19.

cierto tipo, pues vuelvo a estar de acuerdo con el profesor Haker cuando insiste en que el enfoque de Wittgenstein debe ser cuidadosamente distinguido del naturalismo quineano, por más que éste también tenga «*an anthropological methodology*»; en realidad, sospecho que el profesor Hacker debiera conceder que todo tipo de naturalismo sigue «*an anthropological methodology*») o «pragmatismo» (al fin y al cabo, fue el mismo Wittgenstein quien escribió: «*Ich will also etwas sagen, was wie Pragmatismus klingt*»[65]). Lo que me interesa más bien es incidir en algo que, de nuevo creo que con plena razón, apunta el profesor Hacker a propósito del peculiar «historicismo» wittgensteiniano, a saber: que «*it is a historicism* without history».[66]

Al exponer este extraño historicismo, el profesor Hacker trae a colación la aceptada influencia por parte de Wittgenstein de Spengler sobre sus pensamientos. Y más en concreto apunta cómo por detrás de la idea wittgensteiniana de que las matemáticas son después de todo un fenómeno antropológico («*It is evident, that all the sciences have a relation, greater or less, to human nature* [...]. *Even* Mathematics [...]», escribió ese gran pensador naturalista que fue David Hume), puede quizás adivinarse la mano del autor del segundo capítulo de *La decadencia de Occidente*; y sin embargo, a diferencia de éste su mentor, quien como todo el mundo sabe apoya su filosofía en un impresionante cúmulo de erudición historiográfica, el historicismo de Wittgenstein está huérfano de historia. ¿Por qué? El profesor Hacker nos da una respuesta convincente: «*It is remarkable that someone who had arrived at such a historicist conception should have been so indifferent to actual history* [...]. *But philosophically speaking it need occasion no surprise. For instead of investigating empirical facts about Egyptian, Babylonian or Mayan arithmetical systems, or Chinese and Japanese colour grammar, Wittgenstein has no compunction about inventing different forms of representation*».[67] Parafraseando

---

[65] Wittgenstein, 1983, §422.
[66] Hacker, 2010, 20.
[67] Hacker, 2010, 21.

a Pierre Paolo Pasolini en la escena final de su version cinemato-
gráfica del *Decamerón*, podríamos preguntarnos: ¿para qué vamos a estudiar historias si podemos tan fácilmente inventárnos-
las?

Pues bien, lo que quiero apuntar es que si el historicismo de
Wittgenstein es un historicismo sin historia, y estoy de acuerdo en
que lo es, y este historicismo es una parte importante de aquello
en que consiste su enfoque antropológico, y también esto le con-
cedo de buena gana al profesor Hacker, entonces... su enfoque
etnológico es un enfoque sin etnografía. Es decir, cuando
Wittgenstein adopta en su práctica filosófica este enfoque no necesita acudir al dato etnográfico porque... sencillamente puede
inventárselo. Y todavía diría más, de hecho esta invención de situaciones etnográficas es parte también importante de aquello en
lo que consistiría para Wittgenstein adoptar un método antropológico en filosofía, a saber: en inventarse formas de vida, juegos
de lenguaje, simples a los que igualmente podríamos calificar como primitivos.

7. CONCLUSIÓN: WITTGENSTEIN COMO (GRAN) FILÓSOFO

Pero podríamos preguntarnos: ¿por qué prefiere Wittgenstein
cultivar una etnología fantástica a basarse en una etnografía real
(o en una historia imaginaria antes que en la historiografía)? Y no
creo que la respuesta a esta pregunta sea la mera comodidad; mucho menos la ignorancia. Después de todo, Wittgenstein era un
lector empedernido y no debía de andar escaso de lecturas (e incluso experiencias) histórico-antropológicas (aparte de Frazer,
sabemos por ejemplo que Wittgenstein había prestado una atención no menos crítica a la obra del historiador norteamericano
William H. Prescott sobre la *Historia de la conquista de Méjico*
por parte de los españoles).

Creo que en el ya aludido Spengler podríamos encontrar algunas claves fructíferas para resolver esta cuestión. La influencia de
éste sobre Wittgenstein es poderosa y se desparrama sobre múlti-

ples aspectos del pensamiento wittgensteiniano (sin ir más lejos, el que señala el profesor Hacker). Como es bien sabido, el filósofo alemán denuncia el eurocentrismo que se esconde detrás de la concepción de una historia universal lineal y progresiva. Las diferentes culturas son para él unidades orgánicas con sus propios ciclos vitales. Cada una con su «espíritu» peculiar. Hasta el punto de que Spengler hace declaraciones que parecen incurrir en el más acusado relativismo («Las categorías del pensamiento occidental son tan inaccesibles al pensamiento ruso como las del griego al nuestro. Una inteligencia verdadera, integral, de los términos antiguos es para nosotros tan imposible como de los términos rusos e indios...»).[68] Y sin embargo no debiéramos dejarnos deslumbrar por este tipo de declaraciones «particularistas», pues el primer objetivo de su proyecto no es otro que el de elaborar un «bosquejo de una morfología de la historia universal» («*Umrisse einer Morphologie der Weltgeschichte*»). O dicho de otra manera: un objetivo completamente general.

Veamos cómo se combinan en un solo texto particularismo y universalismo:

> Todo lo que el Occidente ha dicho y pensado hasta ahora sobre los problemas del tiempo, del espacio, del movimiento, del número, de la voluntad, del matrimonio, de la propiedad, de la tragedia, de la ciencia tiene un indeleble matiz de estrechez e inseguridad, que procede de que se ha procurado ante todo encontrar la solución de los problemas, sin comprender que a múltiples interrogadores corresponden contestaciones múltiples, que una pregunta filosófica no es más que el deseo encubierto de recibir determinada respuesta, ya inclusa en la pregunta misma, que nunca pueden concebirse como bastante efímeros los grandes problemas de una época y que, por lo tanto, es preciso elegir un grupo de *soluciones históricamente condicionadas*, cuya *visión panorámica (Übersicht)* —prescindiendo de todas las convicciones propias— será la que nos descubra los últimos secretos. Para el pensador —el legítimo pensador— ningún punto de vista es absolutamente verdadero o falso [...]. Las manifes-

---

68 Spengler, 1998, 53.

taciones de otras culturas hablan otra lengua. A distintos hombres, distintas verdades. Y para el pensador todas son válidas o no lo es ninguna.[69]

Es decir, que aunque se reconoce lo particular e idiosincrásico de cada cultura, se confía en obtener una «visión panorámica» —como traduce García Morente— de un conjunto de soluciones históricamente condicionadas que nos descubra los últimos secretos de la cultura (de cualquier cultura).

Volvamos ahora a Wittgenstein. Como ya sabemos, su segunda filosofía no pretende construir una metafísica basándose en la lógica. Su objetivo es meramente a la vez terapéutico y clarificador: *the description of the logical geography of our concepts*, como dice el profesor Hacker.[70] La elaboración, a lo sumo, de una serie de cartografías conceptuales locales. De ahí el carácter fragmentario de su segundo estilo. Sin embargo, en el parágrafo 121 de las *Investigaciones filosóficas* podemos leer:

> Una fuente principal de nuestra falta de comprensión es que no vemos *sinópticamente* (*nicht übersehen*) el uso de nuestras palabras. A nuestra gramática le falta visión sinóptica (*Übersichtlichkeit*). La representación sinóptica (*Die übersichtliche Darstellung*) produce la comprensión que consiste en «ver conexiones» (Zusammenhänge sehen). De ahí la importancia de encontrar y de inventar *casos intermedios* (*Zwischengliedern*).
>
> El concepto de representación sinóptica (*übersichtlichen Darstellung*) es de fundamental significación para nosotros. Designa nuestra forma de representación, el modo en que vemos las cosas. (¿Es esto una *Weltanschauung*?)[71]

Por si cupiera todavía cualquier duda sobre el trasfondo spengleriano de esta observación wittgensteiniana, considérese la versión de la última parte de la misma que aparece en el BT:

---

[69] Spengler, 1998, Introducción. § 8, p, 56. *Énfasis original.*

[70] Hacker, 2010, 18.

[71] Wittgenstein, 1988, IF, §121. (Cursivas originales.)

El concepto de representación perspicua tiene para nosotros un significado fundamental. Designa nuestra forma de representación, el
modo en que vemos las cosas. (Un género de «visión del mundo»
que parece ser típico de nuestro tiempo. Spengler.)[72]

Es decir, que el objetivo filosófico de Wittgenstein es proporcionarnos la *Übersichtlichkeit* de la que nuestra gramática, *prima
facie*, carece. Y para ello es importante encontrar e *inventar* casos
intermedios. Ahora podemos comprender, creo, la utilidad de la
etnología fantástica que Wittgenstein cultivó. La invención de
formas de vida, de juegos de lenguaje primitivos, como el famoso
de los dos albañiles que propone en el segundo parágrafo de la
primera parte de las *Investigaciones*: «Imaginemos un lenguaje
para el que vale una descripción como la que ha dado Agustín: El
lenguaje debe servir a la comunicación de un albañil A con su
ayudante B [...]. Concibe éste como un lenguaje primitivo completo (*vollständige primitive Sprache*)», debe ayudarnos a ganar
una visión sinóptica de la gramática de nuestros conceptos (en este caso, de la gramática del concepto mismo de «significado»).
Un juego de lenguaje primitivo inventado por nosotros tiene la
virtualidad de llamarnos la atención sobre aspectos de la gramática difíciles de percibir atendiendo simplemente al uso real que
hacemos de nuestros conceptos; de modo similar, podríamos decir, a como el dibujo simplificado del cirujano nos ayuda a comprender mejor lo que le pasa a nuestra articulación dañada de lo
que puede hacerlo una radiografía (o a como resulta más fácil
orientarse viendo el mapa esquemático que la fotografía del satéli-
te). La etnología fantástica se justifica no sólo porque muchas veces es suficiente (y más cómoda) para conseguir los objetivos filosóficos que nos proponíamos (obtener la visión sinóptica de la
gramática de nuestros conceptos), sino porque otras muchas es el
mejor modo de lograrlos.
Pero el parágrafo 121 de las *Investigaciones* plantea otro problema con el que quiero acabar. Como ya dijimos, para el profe-

---

72 Wittgenstein, BT, 2002, XII, 89, y Wittgenstein, OF, 1997, 178.

sor Hacker el segundo Wittgenstein empleó un método filosófico que, por primera vez, hizo posible que hubiera filósofos *skilful* antes que *great ones*. Habiendo estos últimos *achieved a sublime vision of the world and of man's place in it*[73] parecería implicarse que los filósofos *skilful*, como el propio Wittgenstein, no proporcionarían esa visión general del mundo y del lugar del hombre en él propia de los antiguos sistemas metafísicos. Pero ahora vemos que el propio Wittgenstein pone en relación su (a buen seguro tomado de Spengler) concepto de representación sinóptica con el concepto (posiblemente también de resonancias spenglerianas para él) de *Weltanschauung*. Bien, se dirá que en su versión definitiva semejante relación se formula con un interrogante. Pero, yendo más allá de los textos a la cuestión misma, podemos preguntarnos: ¿realmente el segundo Wittgenstein no nos proporciona una visión del mundo y del lugar del hombre en él?

En el primer párrafo del prólogo de las *Investigaciones* dice Wittgenstein que su libro se ocupa de muchos temas: «el concepto de significado, de proposición, de lógica, los fundamentos de la matemática, los estados de conciencia y otras cosas». Pues bien, muchos de estos temas son los mismos que abordaba el Tractatus (y no por casualidad, podríamos añadir, pues se trata de temas perennes de la reflexión filosófica, y es que el lenguaje siempre nos extravía en las mismas encrucijadas).[74] ¿Nos proporcionan sus «primeros pensamientos» una visión de estos problemas pero no sus «últimos pensamientos»? Sencillamente, me parece absolutamente inverosímil cualquier respuesta afirmativa a esta pregunta. Las *Investigaciones* nos proporcionan una visión de estos temas tanto como lo hace —y alternativa a la que proporciona— el *Tractatus*.

Las *Investigaciones* se dedican a combatir ciertas mitologías filosóficas. Pero no son mitologías cualesquiera sino algunas de las mitologías (y estamos suponiendo que Wittgenstein lleva razón, lo que sería en cualquier caso discutible) más poderosas de

---

[73] Hacker, 2010, 17.
[74] Wittgenstein, BT, 2002, XII, 90, y Wittgenstein, OF, 1997, 183.

la historia de la filosofía: la concepción cartesiana de lo mental, la concepción platónica de los conceptos, la concepción agustiniana del lenguaje, la concepción kantiana del conocimiento... Pero la destrucción de estas mitologías ¿no apunta a su vez a cierta posición filosófica positivamente, aun si difusamente, calificable? Creo que no resultaría demasiado difícil encontrar ciertos calificativos para trazar unas coordenadas en las que situar la posición en la que Wittgenstein se sitúa para destruir (sus) mitos: cierto tipo de naturalismo, de pragmatismo, de escepticismo incluso (y por lo que hace al «lugar del hombre en el mundo»: cierto tipo de pesimismo civilizatorio, de anti-cientificismo, etc.). Y el paso del *Tractatus* a las *Investigaciones* no es sólo un cambio de metodología concreta sino también un cambio desde una posición filosófica predominantemente trascendental a esta nueva posición (que en el aspecto práctico, por cierto, presenta menos novedades; pues también aquí los «viejos pensamientos» no proporcionan a los «nuevos» sólo contraste sino también trasfondo).

En definitiva, pues, que como el mismo Wittgenstein ya tempranamente advirtiera que el hecho de no proporcionarnos sino fragmentos no es óbice para que, quien los comprenda, obtenga una imagen global del mundo.[75] El segundo Wittgenstein no es sólo un filósofo *skilful* sino un filósofo bien grande. Es por ello que, más que haber terminado con la historia de la filosofía, ha pasado a ocupar un lugar destacado en la misma (y aquí, en su comprensión de su relación con la tradición filosófica, Wittgenstein pecó a todas luces a la vez de excesiva humildad —al no considerarse digno de formar parte de ella— y de soberbia —al considerarse como el punto final de la misma—). Si no fuera así, ¿por qué nos seguiría fascinando su pensamiento?

---

[75] Wittgenstein 1999, vol. II, 252.

BIBLIOGRAFÍA

DE PALMA, A. (2002): «Nota introduttiva». *The Big Typescript.* Turín: Einaudi, pp. XV-XVI.

HACKER, P. M. S. (2010): «Wittgenstein's Anthropological and Ethnological Approach», en J. Padilla (ed.), *Philosophical Anthropology. Wittgenstein's Perspective.* Frankfurt: Ontos Verlag, pp. 15-32. Traducido en este volumen.

SPENGLER, O. (1998): *La decadencia de Occidente.* Madrid: Espasa-Calpe.

WITTGENSTEIN, L. (1983): *De la certesa* (traducción al catalán y edición de Josep Lluís Prades y Vicent Raga; prólogo de Oswald Hanfling). Barcelona: Edicions 62, Barcelona.

— (1987): *Tractatus logico-philosophicus.* Madrid: Alianza Universidad.

— (1988): *Investigaciones Filosóficas.* Barcelona: Crítica.

— (1997): *Ocasiones filosóficas, 1912-1951.* Madrid: Cátedra.

— (1999): *Philosophische Bemerkungen.* Wiener Ausgabe, vol. II. Viena: Springer.

— (2009): *Cuadernos de notas, 1914-1916.* Madrid: Síntesis.

WITTGENSTEIN: FILOSOFÍA DE LA ANTROPOLOGÍA Y ANTROPOLOGÍA FILOSÓFICA

Alejandro Tomasini Bassols

UNAM

1. WITTGENSTEIN Y LA FILOSOFÍA DE LA ANTROPOLOGÍA

Dado que sería demencial pretender cuestionar el estatus de la antropología como una genuina (aunque *sui generis*) disciplina científica, sería igualmente descabellado pretender cuestionar la legitimidad de una rama de la filosofía de la ciencia como lo es la filosofía de la antropología. Quedaron ya atrás los tiempos en los que el modelo de explicación científica para el todo de las ciencias lo proporcionaba la física. Ahora sabemos que nociones como las de verificación, teorías, hipótesis, etc. revisten diversas modalidades dependiendo de la «ontología» de la que uno se ocupe. La historia nos proporciona un buen ejemplo de la variedad de clases de explicaciones científicas. Sería absurdo, por ejemplo, pretender explicar un evento histórico importante, como la batalla de Waterloo o la toma de Tenochtitlán, al modo como podría explicarse, digamos, la desviación de un cometa de lo que era su trayectoria original, pero en todo caso sería insensato pretender cuestionar la validez del conocimiento que se tiene de dichos sucesos. Que los datos no se recaben y establezcan en historia como en física no implica que entonces no hay tal cosa como el conocimiento histórico. Algo parecido pasa con la antropología. Ésta es una ciencia humana, de carácter histórico y social, cuyo objeto de estudio son diversas facetas del ser humano real y su inserción en culturas concretas. En relación con dicho objeto de estudio, ideales propios de las ciencias «duras», como la axiomatización, simplemente son inservibles; de igual modo, la necesidad de, por ejemplo, ciencias formales (en especial, de ramas avanzadas de las matemáticas) es mucho menor en antropología que en, *e. g.*, astronomía. Nada de eso, sin embargo, impide que la antropología sea una disciplina perfectamente establecida, con un horizonte explicativo bien delimitado, métodos de trabajo reconocidos, compartidos y aplicados por sus especialistas, problemas debidamente especificados, esto es, caracterizados e identificados por medio del aparato conceptual técnico apropiado, procedimientos públicos para el establecimiento o la refutación de hipótesis, etc. Por ello, si la duda respecto a la legitimidad de la antropología como una ciencia resulta absurda, la duda en relación con la filosofía de la antropología automáticamente lo es inclusive más. Ahora bien ¿qué podemos decir en unas cuantas palabras acerca de ésta?

La filosofía de la antropología es, primero, un estudio sistemático de la naturaleza de las explicaciones antropológicas y, por ende, de la clase de conocimiento que se genera en antropología. El conocimiento en antropología no puede ser de la misma clase que el conocimiento que se genera en, digamos, la química o la minerología. Difícilmente podemos estudiar las culturas y las sociedades humanas al modo como lo haríamos con las piedras y los meteoritos. Un objetivo fundamental en antropología, como en historia, es el de *comprender* al hombre en una situación que le es al investigador existencialmente ajena por distante, en el espacio pero más en el tiempo. Al estudiar, por ejemplo, la cultura azteca, el antropólogo tiene no sólo que juntar y acomodar datos, sino tratar de reconstruir la perspectiva del azteca medio, sus creencias fundamentales, sus miedos y esperanzas, sus alegrías, dietas, vestimentas, etc., para comprender sus prácticas, prácticas que a nosotros, aquí y ahora, nos resultan de entrada a la vez fantásticas y extrañas. La investigación en antropología, por lo tanto, forzosamente involucra o incorpora valores y apreciaciones, algo totalmente ajeno a la perspectiva de ciencias como la física o la química. Por múltiples razones (en las que no entraré), resulta obvio que la verificación de las teorías antropológicas no puede hacerse al modo como se verifican hipótesis en un laboratorio, con todos los elementos del experimento perfectamente diseñados, manipulados y bajo un control total. Por otra parte, la antropología presenta sus retos epistemológicos y metafísicos específicos. Es claro, por ejemplo, que la imaginación, las evaluaciones y la percepción desempeñan un rol muy diferente al que juegan en otras áreas del saber. También la antropología está plagada de enredos conceptuales y pseudo-problemas, como los que generan conceptos como el de raza o cuestiones como el origen del lenguaje. En antropología la interpretación, *i. e.*, la lectura de eventos y hechos desde una plataforma cultural diferente de aquella en la que tuvieron lugar, es un mecanismo tanto decisivo como ineludible. La labor del antropólogo es, por consiguiente, compleja, porque si bien como ser humano puede disociarse de, por ejemplo, la práctica azteca de los sacrificios humanos, su trabajo consiste ante todo en poner al descubierto su razón de ser, su racionalidad, por así decirlo, porque de seguro que ésta existía. Nuestro problema es que no la hemos reconstruido y, por lo tanto, no conocemos realmente el fenómeno en cuestión.

Dada nuestra caracterización de la filosofía de la antropología, el estudioso del pensamiento del así llamado «segundo Wittgenstein» de inmediato se percata de que, si bien en forma un tanto esquemática y a manera más bien de esbozo, Wittgenstein es uno de los muy pocos filósofos del siglo XX del que se puede afirmar que tiene una filosofía de la antropología. En el caso de Wittgenstein, muy en el estilo de su forma peculiar de practicar la filosofía y en concordancia con lo que él mismo en diversas ocasiones sostuvo, la filosofía de la antropología emerge como resultado de un examen crítico devastador de una obra antropológica particular, a

saber, el monumental trabajo de James Frazer, *La rama dorada*. Ni
mucho menos es mi propósito en este ensayo reconstruir el des-
mantelamiento que Wittgenstein efectúa de la erudita pero
igualmente ingenua posición de Frazer,[1] pero quizá no esté de
más recordar algunas de las observaciones críticas que Wittgenstein le hace al gran antropólogo inglés.

Quizá el error más grande de Frazer, un error que permea el
todo de su obra, consiste en efectuar un corte entre las múltiples
culturas humanas, jerarquizándolas y auto-situándose en la cúspi-
de de todas. Frazer nos presenta un panorama en el que las culturas de todos los pueblos del planeta representan etapas de un pasado vergonzoso cuya única finalidad era contribuir a que se
gestara la cultura a la que él pertenece. Por no entender que la
gran diferencia entre nuestra cultura y la del hombre de la Edad
de Piedra es meramente diferencia de conocimientos y de tecno-
logías, Frazer se auto-inhabilita para dar cuenta de la esencial
permanencia de múltiples rasgos humanos con lo cual, paradójicamente, se auto-incapacita para comprender cabalmente la impresionante riqueza de las expresiones culturales que revisten la
forma de mitos y prácticas no sólo de antaño, sino de nuestros
tiempos. Frazer confunde el avance del conocimiento con el progreso humano, tratando a los seres humanos de otras edades como si fueran meros eslabones de una cadena que culmina en la
Inglaterra victoriana. Pero, como dije, no sólo Frazer es ciego para comprender a seres humanos del pasado, sino que dicha incomprensión radical lo imposibilita para comprenderse a sí mismo. Por ejemplo, un individuo de nuestros días instruido a la
Frazer puede horrorizarse ante la descripción de un rito que culmina en la muerte de un hombre, pero podría no sentir nada especial si las fuerzas armadas de su país bombardean una ciudad
«enemiga». Efectos así son propios de la enseñanza de Frazer y

---

[1] Lo que tenía que decir en relación con los comentarios de Wittgenstein en
torno a *La rama dorada* de Frazer se encuentra en mi artículo «La Comprensión
de las prácticas: el caso de la magia», incluido en: *Lenguaje y Anti-Metafísica.
Cavilaciones Wittgensteinianas*, 2.ª ed., México, Plaza y Valdés, 2005.

de sus descendientes intelectuales. Un rasgo característico de la antropológica positivista de Frazer es precisamente su carácter esencialmente ahistórico y por ende, y a pesar de la amplitud de su horizonte temático y de la inmensa riqueza de datos que maneja, superficial.

En su muy útil recuperación de los contenidos de las primeras clases de Wittgenstein a su regreso a Cambridge,[2] contenidos recogidos en su artículo «Wittgenstein's Lectures in 1930-1933», G. E. Moore conserva algunas de las ideas que la lectura de la obra de Frazer le inspiró a Wittgenstein y que éste aireó en clase. Dicha recopilación es interesante y (por diversas razones) meritoria, pero dudo mucho que refleje lo esencial del pensamiento de Wittgenstein en relación con la antropología. De acuerdo con Moore, «Respecto a *La rama dorada* de Frazer, los principales puntos en los que él parecía desear insistir eran [...] los tres siguientes: (1) Que era un error suponer que había *sólo una* razón, en el sentido de "motivo", que llevara a la gente a realizar una acción particular; suponer que hubiera un motivo que fuera *el* motivo. [...] (2) Que era un error suponer que *el* motivo es siempre "para obtener algo útil". [...] (3) Que era un error suponer que el porqué de que, *e. g.*, la explicación del Festival de Beltano "nos impresiona tanto2 es que éste "se desarrolló a partir de un festival en el que un hombre real era quemado"».[3] Estas observaciones son desde luego interesantes, pero es claro que en su premura por transcribir lo que Wittgenstein iba diciendo y, posteriormente, en su trabajo de poner orden en las notas recopiladas, muy probablemente Moore dejó pasar lo mejor de los comentarios de Wittgenstein en torno a la antropología de Frazer. Quienquiera que le eche un vistazo a las *Observaciones a* La rama dorada *de Frazer* se percatará de que lo que Moore preservó son comentarios colaterales de una visión y un pensamiento mucho más siste-

---

2 El regreso de Wittgenstein a Cambridge tuvo lugar en enero de 1929, pero él empezó a dar clases a partir de 1930.

3 G. E. Moore, «Wittgenstein's Lectures in 1930-1933». En: *Philosophical Papers*, Londres, Allen and Unwin, 1970, 315.

mático, amplio y profundo que lo que unas cuantas aseveraciones sueltas podrían sugerir. No obstante, inclusive si Moore inadvertidamente dejó pasar los puntos centrales de la crítica de Wittgenstein a uno de los grandes antropólogos del siglo XX, de todos modos el que haya recuperado aunque fuera algunos comentarios contribuye a dejar en claro que sin titubeos y con toda justicia le podemos adscribir a Wittgenstein, aunque rudimentaria o incipiente, una genuina filosofía de la antropología.

2. La antropología filosófica de Wittgenstein

Aunque en la tradición ciertamente se reconoce la existencia de una rama de la filosofía que sería la «antropología filosófica», en la actualidad se ha tendido ya sea a ignorarla ya sea a rechazar su estatus como el de una clase de reflexión filosófica legítima. Es posible, por razones que desconozco, que la etiqueta «antropología filosófica» le resulte a muchos desafortunada, pero esto parecería ser una dificultad meramente lingüística, puesto que se le puede reemplazar por otras que son más aceptables, como «concepciones del hombre», o si se le practica de un modo diferente de cómo se le practicó anteriormente podemos hablar si se prefiere de, *e. g.*, «teorías de la acción». Nada de ello, sin embargo, basta para cancelar o anular la legitimidad de una reflexión centrada en el ser humano. Ahora bien, sea lo que sea, lo que es claro es que la antropología filosófica no puede ser lo mismo que la antropología científica. A reserva de intentar caracterizarla con mayor precisión más abajo, nuestra pregunta aquí es: ¿podemos hablar de una antropología filosófica en relación con la obra de Wittgenstein? Pienso que sí.

Muy probablemente el factor que más influyó en la desacreditación de la antropología filosófica como constituyendo una clase legítima de reflexión filosófica fue la especialización en filosofía. Al multiplicarse las diversas «filosofías de...», por ejemplo, la reflexión que anteriormente se centraba explícitamente en el ser humano se fue diluyendo en reflexiones sobre sus actividades como ser cognoscente, como ser lingüístico, como ser político, como ser religioso y así sucesivamente, y ello indujo a que la meditación explícita sobre el ser humano quedara o relegada por completo a un segundo plano o desconocida como una reflexión con un tema propio y real. Sin embargo, esfuerzos eliminativistas así rara vez dan resultado. En este caso, el fracaso es comprensible puesto que, independientemente de las modas filosóficas, es intuitivamente evidente que una discusión sobre la naturaleza humana difícilmente podría quedar suprimida de un plumazo y por un decreto. Es obvio que para nosotros, los seres humanos, su material de estudio será siempre digno de ser examinado. Lo que en cambio es muy importante para defender su legitimidad es mostrar que ni por su temática ni por su enfoque ni por su tratamiento la antropología filosófica podría sobreponerse a la antropología científica o confundirse con ella o con partes de ella. Sea lo que sea, la antropología filosófica no es una investigación empírica en el sentido de que, aunque sin duda en contacto con las ciencias humanas y naturales, sus hipótesis o concepciones no brotan de una labor que requiera de información científica concreta, así como tampoco se construyen al modo como se construyen, por ejemplo, las teorías físicas. Esto me lleva a ofrecer una caracterización tentativa de la antropología filosófica. Se sigue que la antropología filosófica es simplemente una reflexión sobre el ser humano centrada en aspectos de la vida de éste que no son estudiables al modo científico usual. Así, si bien la antropología filosófica se ocupa del ser humano en general, no se ocupa de él en conexión con piedras, huesos, reliquias, monumentos, tradiciones, vestimenta, dinero o poder, por no mencionar más que algunos de los elementos que sí examina la antropología científica. Aquí se nos plantean dos preguntas:

a) ¿cuál es la plataforma sobre la que trabaja la antropología filosófica?, y

b) ¿realmente puede plausiblemente sostenerse que la obra de Wittgenstein contiene, implícita o explícitamente, una antropología filosófica?

Mi respuesta a la primera pregunta es que no hay una sino múltiples plataformas posibles a partir de las cuales es factible elaborar una concepción del Hombre, del ser humano en general. Una de ellas, por ejemplo, es el pensamiento, sus modalidades y sus manifestaciones. Desde este punto de vista, filósofos tan dispares como, por ejemplo, Aristóteles y Hume disponen de una antropología filosófica. El cuadro del Hombre como un ser racional que Aristóteles nos pinta es interesante y profundo, pero no coincide con otro igualmente interesante e importante como lo es el cuadro del Hombre en términos de pasiones que Hume delinea en su *Tratado de la naturaleza humana*, un título muy significativo dicho sea de paso. K. Marx es otro buen ejemplo de un pensador que desarrolla una concepción del Hombre que no podría ser vista de otro modo que como una teoría de antropología filosófica. El Hombre para Marx es ante todo el ser productor de su vida material, mental y cultural. Ahora bien, la comprensión cabal de la perspectiva marxista exige que se revisen en los textos de Marx sus ideas acerca de las relaciones del Hombre con la naturaleza, del Hombre con el Hombre, del Hombre y el trabajo (los productos de su trabajo, su esencia laboral, etc.). La antropología filosófica de Marx, probablemente más que la de Aristóteles o la de Hume, es sumamente compleja, pero es innegable que su concepción permea el todo de su labor en otras áreas en las que ejerció su pensamiento. El materialismo histórico, la teoría del valor y más en general la reconstrucción de la racionalidad específica del modo de producción capitalista de alguna manera presuponen e integran la concepción marxista del Hombre, es decir, se enmarcan en su antropología filosófica. Y lo que sucede con Marx, con Aristóteles y con Hume sucede con Platón, con Santo Tomás, con Leibniz, con Nietzsche y con muchos otros pensadores de primera línea. Todos ellos desarrollan sus respectivas concepciones del ser humano y de la vida humana desde sus propias plataformas conceptuales y doctrinales. Nuestra pregunta ahora es: ¿podemos decir lo mismo de Wittgenstein? Mi punto de vista es que sí, siempre y cuando no se pretenda encontrar su antropología filosófica formulada a la manera de una doctrina.

La plataforma sobre la cual se desarrolla la concepción wittgensteiniana del Hombre es naturalmente el lenguaje. Huelga decir que el examen wittgensteiniano del lenguaje *no* es un estudio de lingüística, ni siquiera un estudio de antropología lingüística, es decir, un estudio sobre las condiciones (biológicas, económicas, físicas) del surgimiento del lenguaje, los orígenes de éste, etc. En cierto sentido, ni siquiera es la filosofía del lenguaje de Wittgenstein algo equiparable a lo que en la filosofía profesional pasa por filosofía del lenguaje. En ningún momento ofrece Wittgenstein una «teoría» de nada: del significado, de las estructuras lógico-gramaticales, de las relaciones de implicación que valen entre las proposiciones, etc. Más bien, en realidad lo que Wittgenstein «descubrió», no de manera parcial o superficial, es lo que podríamos llamar el «universo del lenguaje». Su «descubrimiento» fue mayúsculo por lo menos por dos razones: primero, porque a través de sus elucidaciones gramaticales Wittgenstein dejó en claro que es el todo de la vida humana lo que está lingüistizado y no se comprende más que en conexión con el lenguaje; en segundo lugar, porque dada la peculiar perspectiva del lenguaje adoptada por Wittgenstein, esto es, la perspectiva de los juegos de lenguaje y las formas de vida, Wittgenstein hace del lenguaje el eje que permite dar cuenta de dos cosas: el pensamiento y la acción. Así entendida, la antropología filosófica de Wittgenstein es la concepción del Hombre como ser esencialmente lingüístico y, por ende, racional y práctico. O sea, si intentáramos visualizar y jerarquizar las diferentes plataformas a partir de las cuales los diversos filósofos fueron construyendo, explícita o tácitamente, sus respectivas concepciones del Hombre, lo que habría que decir es que la plataforma wittgensteiniana es probablemente la más fundamental, es decir, aquella que permite dar cuenta de las demás. Ésta, sin embargo, es una idea que es menester expandir.

Lo que hemos afirmado es muy importante para entender la postura de Wittgenstein, pero se presta o a no ser comprendido o a ser incomprendido. La afirmación de que el ser humano wittgensteiniano es el ser lingüístico tiene como implicación el punto de vista de que la mejor vía para comprender el pensamiento humano y la acción humana, en los sentidos más amplios posibles de dichas expresiones, es el análisis del lenguaje. Ahora bien, el análisis wittgensteiniano del lenguaje es lo que se conoce como «análisis gramatical», usando «gramatical» en el sentido técnico con que Wittgenstein usaba la expresión «gramática» y sus derivados. Desde esta perspectiva, el estudio del pensamiento es el examen de nuestras muy variadas prácticas lingüísticas en sus contextos apropiados, en tanto que el estudio de la acción es el examen del sentido de los movimientos de las personas en sus respectivos contextos institucionales y culturales. Pensar abarca, en nuestro sentido, creer, imaginar, dudar, desear, inferir, etc. Todas esas cosas son cosas que el ser humano *hace*, pero no las podría hacer si no dispusiera de un sistema de lenguaje. No es que el pensamiento sea mera función del lenguaje. Más bien lo que quiero sostener es lo siguiente: qué tan burdo, refinado, sutil, crudo, elaborado, complejo, primitivo, etc., sea el pensamiento de alguien es algo que se *materializará* en sus expresiones lingüísticas, en cómo pueda ser expresado o enunciado lingüísticamente. Y cuál sea el carácter de sus acciones es algo que emergerá de cómo se las describa, para lo cual deben estar insertas en contextos de interacción social. No debemos decir que el pensamiento es meramente una función del lenguaje, porque eso supondría que el pensamiento es ya una especie de lenguaje sólo que de carácter «mental» (en el sentido espurio, esto es, filosófico de la expresión) y que se pueden establecer correlaciones 1-1 entre las partes del habla y las supuestas partes del pensamiento. Esto es una posición filosófica que Wittgenstein demolió para la posteridad y que pretender ignorar simplemente redundará siempre en demérito de la inteligibilidad, la comprensión y el progreso intelectual. En la siguiente sección intentaré desarrollar una idea que, en mi opinión, se deriva de lo dicho hasta aquí, pero por el momento lo que quiero es simplemente dejar asentado algo que me parece que es una conclusión digna de ser tomada en cuenta, a saber, que podemos con sentido y legítimamente sostener que en la obra de Wittgenstein, de manera por así decirlo indirecta, encontra-

mos toda una antropología filosófica, una concepción no científica del Hombre e inmensamente rica en implicaciones filosóficas
de todo orden.

3. IMPLICACIONES

Las discusiones wittgensteinianas de filosofía de la antropología y
de antropología filosófica convergen en diversos puntos, com-
plementándose mutuamente. A mí me parece que de la crítica de
Wittgenstein a la antropología de Frazer se despeja una cierta visión global del Hombre, una concepción genérica no biológica
del ser humano. El hilo conductor en esta concepción es, una vez
más, el simbolismo. Somos seres religiosos porque somos usuarios
de lenguajes religiosos y es porque somos seres en los que el lenguaje religioso es usado que podemos entender la religiosidad del
hombre de Guinea: es porque somos seres ceremoniales que podemos comprender las prácticas ceremoniales de monjes budis-
tas, de oráculos griegos o de sacerdotes aztecas. Y a la inversa: un
sacerdote azteca habría podido comprender ritos y ceremonias de
la Iglesia Católica o de cualquier otra, en la medida en que se hubiera familiarizado con sus respectivos simbolismos religiosos.
Ahora bien, lo importante es que esta concepción del Hombre
abarca o engloba las aclaraciones filosóficas de Wittgenstein, que
no son sino aclaraciones acerca de una clase peculiar de acciones
humanas, a saber, sus acciones lingüísticas. Por ejemplo, cuando
Wittgenstein esclarece el concepto de pensar o el de tener la intención de hacer algo, su aclaración no es de palabras, no es filo-
lógica, sino de formas sutiles de acción modeladas por los conceptos correspondientes («pensar», «tener la intención de», etc.).
A diferencia de lo que pasa con los filósofos del lenguaje usuales,
Wittgenstein no adivina significados, no especula sobre sentidos.
Lo que él hace es revelarnos sus sentidos al describirnos minuciosamente la utilidad práctica de los utensilios lingüísticos empleados (palabras, expresiones, descripciones, oraciones, cópulas,
etc.). Tener significado para Wittgenstein es de entrada una carac-

terística o propiedad de signos *usados* en contextos relevantes para la consecución por parte de los hablantes de objetivos concretos y públicos, es decir, reconocibles por quienes participan en los correspondientes juegos de lenguaje. Desde esta perspectiva, que es esencialmente ajena a la generada por la gramática superficial, lenguaje y acción están indisolublemente ligados. La tarea del filósofo del lenguaje no es examinar signos de manera aislada, como si el lenguaje no fuera otra cosa que un juego formal, un mero cálculo, sino signos con vida, es decir, en uso, aplicados, y eso exige que se detecte y muestre la clase de utilidad que prestan. Intentemos expandir esta idea.

Si nuestra presentación de Wittgenstein no se desvía demasiado del error, parecería que una de sus intuiciones fundamentales es que hablar es hacer algo y, por lo tanto, lo que se dice es básicamente una forma de acción. Cuando digo «se dice» quiere decir «*todo* lo que se dice». Es importante entender la expresión «lo que se dice» desde la perspectiva de la praxis, porque de lo contrario la estaríamos entendiendo forzosamente desde el punto de vista de la gramática superficial y entonces «lo que se dice» podría reducirse a significar algo como, *e. g.*, «lo que se describe». Pero es obvio que «decir algo» tiene un significado muchísimo más amplio que «describir algo». «Decir algo» es un rótulo general que cubre un sinfín de formas de expresión, formas que a su vez mantienen una relación uno-uno con la acción humana, esto es, con formas o modalidades de acción. Esto queda mejor expresado por medio de la muy útil terminología acuñada por Wittgenstein: cada cosa que decimos es un movimiento en un determinado juego de lenguaje, el cual a su vez está en una relación interna con una determinada forma de vida (práctica social).

En la filosofía de Wittgenstein, las reacciones humanas ocupan el lugar que en las filosofías tradicionales era ocupado por «lo dado», los «datos inmediatos de la conciencia», los «*sense-data*», lo que sólo se define por ostensión, etc. Los sistemas de reacciones espontáneas constituyen la base sobre la que se erige el significado. Al significado hay que buscarlo en la intersección entre las reacciones normales de los humanos y las acciones y actividades que despliegan en coordinación con los signos. Una peculiaridad primordial del lenguaje es que éste tanto es usado concomitantemente con las acciones como contribuye a desarrollarlas, expandirlas y perfeccionarlas. Ilustremos esto. El *Homo sapiens* tiene órganos sensoriales por medio de los cuales se mueve en el mundo. Para decirlo burdamente, digamos que el *Homo sapiens* ve. Sin embargo, gracias al lenguaje el *Homo sapiens* no sólo ve, sino que también mira, contempla, observa, visualiza, percibe, divisa, etc. Todas estas modalidades de ver las posibilita el lenguaje. Ver es una acción natural, fundada en órganos sensoriales (ojo, nervio óptico, etc.), pero las variedades de ver son causa y efecto de los verbos subalternos de percepción visual. Así, por ejemplo, observar es ver de cierto modo, es decir, actuar visualmente de cierto modo. Para decirlo de una manera un tanto rara: observar es actuar visualmente en concordancia con el verbo «observar». Obviamente, lo que vale para «ver» y los verbos de estados visuales derivados vale para muchos otros verbos, tanto de percepción como otros.

Consideremos rápidamente las sensaciones. Wittgenstein ya dejó en claro que el lenguaje de sensaciones es un reemplazo o sustituto de las reacciones normales de sensación. Es éste un punto en relación con el cual creo que la posición wittgensteiniana es contundente y definitiva. Pero consideremos ahora las sensaciones cutáneas. Volvemos a aplicar nuestro enfoque: todos los *Homo sapiens* sienten dolor y placer, porque así están condicionados orgánica y fisiológicamente, pero es obvio que estas nociones se pueden expandir de un modo que es ya independiente del organismo, en el mismo sentido en que puedo hacerlo «ver». Un hombre, por ejemplo, puede sentir deleite, gozo, agrado, gusto, satisfacción, fruición y muchas otras modalidades de placer, pero es evidente que éstas no habrían podido adquirir el estatus de sensaciones identificables y reconocibles sin las palabras y expresiones correspondientes. Es perfectamente posible que haya una sensación placentera que orgánicamente hayamos tenido pero que no pudimos identificar precisamente porque nuestro vocabulario no incluía el potencial término correspondiente. La moraleja de todo esto es que el lenguaje tanto se funda en las reacciones humanas (de rascarse, sobarse, acariciarse, pellizcarse, etc.) como amplía el universo de las sensaciones, en el ámbito en el que nos encontremos (visuales, táctiles, cutáneas, etc.). Es perfectamente comprensible, por lo tanto, que el uso normal del lenguaje esté esencialmente vinculado a las «actividades» humanas, en el sentido más amplio posible de la expresión.

Quizá un ejemplo más no sea superfluo. Tomo este caso entre otras razones porque el Profesor P. Hacker mismo lo menciona de pasada en su ensayo. La concepción del Hombre que emana de la crítica wittgensteiniana a la antropología positivista de Frazer nos hace ver al Hombre como parte de un continuo en el reino animal. Consideremos entonces a los lobos. Sabemos que hay un lobo alfa y que éste manifiesta su posición de liderazgo en la manada tanto imponiéndose físicamente a otros lobos como amenazándolos enseñando dientes, gruñendo, etc. Lo curioso es que los humanos nos conducimos de manera muy parecida. Preguntémonos: ¿cómo amenaza un hombre a otro sin usar palabras? Lo ve de cierta manera, se aproxima a él de cierto modo, se mueve de cierta forma, etc. Si quiere evitarse todo eso puede entonces hacer lo que llamamos «proferir una amenaza»: «te va a pasar esto y aquello», «te voy a ...», «ten cuidado con lo que dices, porque ...», etc. Hay un sinnúmero de formas de poner en palabras lo que de otro modo serían meros movimientos físicos pero que no lo son, porque son amenazas. El lenguaje los reemplaza y permite matizarlos, refinarlos, desarrollarlos. Decir «te va a pasar esto y aquello» *no significa* la amenaza física misma. El lenguaje la reemplaza, la matiza, la perfecciona. Desde un punto de vista meramente gramatical, «te va a ir mal» es una predicción, pero sería una manifestación palpable y hasta grotesca de incomprensión presentarla o describirla de este modo, por lo menos en determinados contextos y situaciones.

Es claro que uno de los resultados más inmediatos de la perspectiva wittgensteiniana del lenguaje es que exhibe a las teorías convencionales del significado como auténticas colecciones de sinsentidos, como esfuerzos explicativos totalmente fallidos. De hecho, las teorías tradicionales del significado no pueden explicar lo que *queremos decir* cuando decimos lo que decimos. La inmensa superioridad del enfoque wittgensteiniano consiste en haber descrito la peculiar vinculación que se da entre las reacciones humanas, los sistemas de signos, las circunstancias y las acciones que en concordancia con todo lo anterior los humanos realizan. Esto es lo que podríamos llamar, retomando una expresión del profesor G. H. von Wright, quien a su vez la toma de T. Kotarbi ski, la «visión *praxiológica* del lenguaje». Huelga decir que no hay en el panorama de la filosofía contemporánea una sola visión praxiológica alternativa a la de Wittgenstein. Desde luego, la teoría austiniana de actos de habla no es una concepción que pudiera ser concebida como una posible rival de la elaborada por Wittgenstein.

Estamos ahora en posibilidad de enunciar en forma sucinta y clara las diferencias en enfoque, en objetivos y en método entre la filosofía del lenguaje convencional y la filosofía del lenguaje wittgensteiniana: las teorías filosóficas del lenguaje comunes no son construidas en torno a una antropología filosófica. El reto filosófico para los filósofos tradicionales consiste en explicar el significado apelando a, por así decirlo, un lenguaje más abstracto, es decir, a sistemas de categorías sumamente generales que permiten establecer clasificaciones de diversa índole de las diversas partes de nuestras oraciones. Parte de su problema consiste en que todas las explicaciones que generan se logran estableciendo correlaciones que llevan de signos muertos a, por así decirlo, entidades muertas. No es nunca el lenguaje en acción, vivo, lo que nos entregan, sino meros esquemas de él (como pasó con la más perfecta de todas las versiones, a saber, la del *Tractatus*, dicho sea de paso). Explicaciones así, independientemente de lo sofisticado que sea el aparataje conceptual que se emplee, son siempre y necesariamente fallidas. En cambio, el reto para Wittgenstein es diferente y consiste ante todo en elucidar qué es lo que se hace, es decir, qué acción se llevó a cabo cada vez que se hizo un movimiento en algún juego de lenguaje. Es al recuperar el movimiento cuando se recupera el significado. La relación entre ambas clases de teorías es relativamente clara: si una de las muchas teorías filosóficas comunes del lenguaje es verdadera, la de Wittgenstein es falsa, pero si la concepción wittgensteiniana es la acertada, entonces *todas* las teorías filosóficas del lenguaje son no falsas, sino conjuntos de *sinsentidos*.

Con lo que hemos afirmado como trasfondo, podemos ahora pasar a examinar críticamente el ensayo del profesor P. M. S. Hacker.

4. HACKER Y EL ENFOQUE ANTROPOLÓGICO

En su penetrante ensayo, «El enfoque antropológico y etnológico de Wittgenstein», el profesor P. M. S. Hacker marca de manera pertinente y acertada el contraste que se da entre los enfoques tradicionales en filosofía (del lenguaje, de la mente, metafísica, etc.) y el enfoque del segundo Wittgenstein, caracterizando a este último como «antropológico» y «etnológico». Confieso que no estoy muy convencido acerca de la justeza en el empleo de «etnológico», pero no tengo dudas respecto a lo correcto del uso de «antropológico». Buena parte del ensayo está dedicada a enfatizar las diferencias con el enfoque puramente formal del *Tractatus*, lo cual es una tarea saludable y para la cual Hacker es insuperable, aunque quizá en la actualidad resulte ya un tanto redundante. No obstante, es útil, y ciertamente no es en relación con ella que la posición de Hacker se vuelve polémica. Curiosamente, la dificultad para aceptar la posición de Hacker no surge por desacuerdos de interpretación de lo que Wittgenstein sostiene, sino por desacuerdos respecto a las implicaciones que tiene lo que afirma. Veamos esto más en detalle.

La reconstrucción por parte de Hacker de la concepción wittgensteiniana de los conceptos es inatacable, si bien yo la matizaría. Afirma Hacker: «A diferencia de Frege, Wittgenstein trata los conceptos no como entidades que haya que descubrir, sino como técnicas para el uso de las palabras. Haber dominado un cierto concepto es haber dominado la técnica del uso de una cierta palabra en algún lenguaje u otro. Poseer un concepto es ser capaz de usar la palabra o la frase correctamente, explicar lo que uno quiere decir mediante ella en un contexto dado y responder con comprensión a su uso. Los conceptos son creaciones humanas, hechas, no halladas. Son comparables a los instrumentos hechos para propósitos humanos y su adquisición es comparable al dominio de la técnica de uso de un instrumento. Son *técnicas* de uso de palabras gobernadas por reglas».[4] En efecto, nosotros le adscribimos a alguien la posesión de un concepto cuando el sujeto sabe emplear la palabra en cuestión y reacciona de manera apropiada ante su uso, pero lo que tenemos que decir es *no* que un concepto *es* una técnica, sino que la adscripción de un concepto es la adscripción de una técnica. Esto, empero, en el fondo es una minucia. El problema que tengo en mente no es de formulaciones. En mi opinión, el problema que presenta el ensayo de Hacker es que éste se limita a establecer una cierta conexión, pero no la explota. Intentemos explicar esto.

Es perfectamente correcto sostener, como Hacker hace, que en forma explícita o nada más sentando las bases para ello, lo cierto es que Wittgenstein repudia el platonismo, el esencialismo cientificista de Kripke y Putnam y lo que podríamos llamar el «quinenismo» o, más precisamente, el «naturalismo quineano», entendiendo por esto último (entre otras cosas) la tesis de que no hay ninguna diferencia esencial entre las proposiciones, con lo cual las distinciones proposicionales y, por ende, cognitivas, clásicas, como «analítico-sintético», «*a priori-a posteriori*», «necesario-contingente», se borran. Pero lo cierto es que la filosofía wittgensteiniana es un repudio de las corrientes filosóficas que Hacker menciona *y de muchas más*; virtualmente, de todas. La selección por lo tanto es, aunque ilustrativa y oportuna, arbitraria. La importancia de esta observación consiste no en criticar lo que Hacker afirma por tratarse de un error, sino más bien porque pone de relieve que su diagnóstico de la posición de Wittgenstein no es del todo correcto. Ahora bien, ¿en qué sentido puede ser no

---

4 Hacker, 2010, 20. (Véase el trabajo al inicio del volumen.)

del todo correcto un diagnóstico si de todos modos no es erró-
neo? La respuesta es obvia: en el sentido en que es *incompleto*. O
sea, la explicación de Hacker no es del todo correcta porque si
bien éste reconstruye correctamente la conexión crucial que se da
entre el enfoque antropológico de Wittgenstein y la filosofía que
de hecho éste desarrolló, al grado de que con base en dicha conexión él puede señalar adversarios concretos a su pensamiento, de
todos modos Hacker detiene abruptamente la explicación y de lo
que no da cuenta es de la filosofía del propio Wittgenstein. Antes
al contrario, Hacker parece estar convencido de que el enfoque
no sirve más que para ponernos en guardia frente a afirmaciones
filosóficas tendenciosas o sospechosas, pero nada más. En otras
palabras, Hacker no cree que el enfoque antropológico y, como él
mismo lo denomina, «etnológico» de Wittgenstein cumpla otra
función que la de meramente indicar un distanciamiento frente a
diversas posiciones metafísicas. La pregunta importante aquí es:
¿cómo se manifiesta en la filosofía del propio Wittgenstein su enfoque antropológico? ¿Cómo la afecta o influye en ella? Si la filosofía wittgensteiniana no se viera influida en sus contenidos por el
enfoque en cuestión, entonces la conexión entre dicho enfoque y
la filosofía de Wittgenstein sería casi meramente casual, desde
luego contingente y enteramente superficial. No pienso que ello
sea así. Me temo que lo que acabo de decir efectivamente representa la posición de Hacker. Aunque un poco largo, me parece
que vale la pena citar un párrafo de su escrito:

> ¿Por qué son iluminadores dichos hechos antropológicos? No por-
> que resuelvan alguna cuestión filosófica. Después de todo, ningún
> descubrimiento empírico, mucho menos semejantes lugares comunes
> empíricos, podrían resolver un interrogante filosófico, no más de lo
> que un descubrimiento en física, no digamos ya lugares comunes
> acerca de la conducta física de las cosas, podría confirmar o descon-
> firmar un teorema matemático. Más bien, nos posicionan de tal ma-
> nera que podemos ver el problema bajo una nueva luz. En el caso de
> los problemas que pertenecen al concepto de dolor, o, más en gene-
> ral de los conceptos de experiencia subjetiva o «interna», este punto
> de vista antropológico nos ayuda a desprendernos de una preocupa-

ción objetiva con la introspección, con el acceso privilegiado, con la privacidad epistémica y la propiedad privada de la experiencia. Porque ésa es la posición típica a partir a partir de la cual los filósofos, los psicólogos y los neurocientíficos cognitivos ven los fenómenos y los conceptos que nos desconciertan. Y el cambio de punto de vista nos hace más receptivos a la idea, que Wittgenstein avanza, de que la posibilidad de la expresión verbal que carece de fundamentos y del reporte de la experiencia está gramaticalmente ligada a criterios conductuales, los cuales incluyen la expresión y el reporte verbal, en circunstancias apropiadas, para la adscripción de experiencia a otros.[5]

De nuevo, sería torpe pretender encontrar un error en lo que Hacker sostiene. Mi queja consiste en que no avanza suficientemente lejos en la dirección que él mismo señala. Esto, pienso, puede mostrarse con relativa seguridad. El rechazo del recurso a todo lo interno para dar cuenta de los conceptos de sensación lleva a Wittgenstein a ofrecer una descripción del *uso* de las palabras de sensación que anula la explicación filosófica usual, naturalmente sin que ello comprometa a Wittgenstein con una teoría filosófica alternativa a la del mentalismo estándar. Pero lo que mediante la descripción minuciosa de la utilidad que prestan las expresiones de sensación Wittgenstein proporciona es una aclaración del *significado* de nuestras afirmaciones, en primera o en tercera persona, según el caso. Pero Wittgenstein se toma la molestia de recuperar a través de descripciones en cada caso de afirmación el significado de éstas. Dicho de otro modo, el enfoque antropológico no sirve para meramente marcar un contraste: sirve para indicar una forma alternativa de análisis filosófico. Es esto último lo que, en mi opinión, Hacker deja escapar en su estudio. En resumen: Hacker hace del enfoque antropológico un mero cambio de perspectiva, en tanto que en mi opinión dicho enfoque tiene implicaciones programáticas y metodológicas de primera importancia.

---

5 Hacker, 2010, 29.

5. CONCLUSIONES

Al hablar de implicaciones filosóficas del enfoque antropológico me refiero básicamente a las consecuencias que dicho enfoque tiene en el área de la filosofía del lenguaje. Partiendo de consideraciones acerca del lenguaje, poco a poco se va derivando del nuevo modo de pensar de Wittgenstein una cierta concepción del Hombre. Esto es comprensible: por muy importante que sea el lenguaje como objeto de estudio para la filosofía, lo es más el ser humano. Lo interesante del nuevo enfoque es justamente que hace que uno se aproxime al lenguaje desde la perspectiva del ser humano real, del hablante real. Visto el ser humano como el ser simbólico o lingüístico por excelencia, el lenguaje de manera natural es entendido como una caja de instrumentos. Por ello, a diferencia de las concepciones usuales que conciben el lenguaje como una compleja entidad auto-contenida y que se explica en sí misma y por sí misma, para Wittgenstein el significado de lo que decimos está internamente vinculado a la vida del hombre, lo cual en este contexto significa que es una función de la utilidad que prestan los instrumentos de la, por así llamarla, caja de instrumentos lingüísticos con los que opera. Los instrumentos son las expresiones y, en general, las oraciones, puesto que es en general por medio de ellas que decimos cosas. Ahora bien, deseo enfatizar que el enfoque antropológico no influye directamente en los análisis del lenguaje que podamos efectuar. Simplemente, constituye el marco general dentro del cual, por así decirlo, florece la nueva filosofía del lenguaje. La noción de forma de vida es aquí decisiva, puesto que en realidad es a través de ella que cobra vida la idea de significado como uso. Ciertamente, la tarea de efectuar análisis gramaticales concretos de expresiones como «creo en Dios», «veo una mancha verde», «soñé contigo», «la fórmula química del agua es H_2O», «lo recuerdo como si estuviera frente a mí», «eso pasó hace mucho tiempo», «2+2 = 4», etc., es totalmente independiente de la concepción del Hombre en la que se inserta. En relación con esto, Hacker tiene toda la razón cuando dice: «¿Por qué son iluminadores dichos hechos antropológicos?

No porque resuelvan alguna cuestión filosófica. Después de todo, ningún descubrimiento empírico [...] *podrían* resolver un interrogante filosófico, no más de lo que un descubrimiento en física [...] podría confirmar o desconfirmar un teorema matemático». Sin embargo, el sentido de la clase de análisis promovido por la filosofía de Wittgenstein no es independiente de dichos hechos. Aunque no forma parte de los análisis gramaticales concretos que Wittgenstein efectúa, el punto de vista antropológico y la concepción del Hombre que de éste se deriva orientan la investigación hacia los contextos, las situaciones concretas, los objetivos de los hablantes, etc. Esto es algo que Hacker acepta *de jure* (tal y como deja en claro su afirmación, en relación con dichos hechos, de que «nos posicionan de tal manera que podemos ver el problema bajo una nueva luz»), mas no *de facto*. Desde mi punto de vista, esa «nueva luz» es justamente la idea de praxis lingüística, por medio de la cual se conjugan ideas tan diferentes como aplicación, entrenamiento, movimiento, significado, etc. Naturalmente, a qué resultados concretos lleve el examen de las aplicaciones particulares que se hagan del uso de los signos establecido en forma colectiva es algo que en ningún caso se puede adivinar ni establecer *a priori*.

HACKER EN TORNO A LOS CONCEPTOS

Lars Hertzberg

Universidad Åbo Akademi

L a presentación de Peter Hacker es lúcida y hay mucho en su ensayo con lo que estoy de acuerdo. Así, me parece importante su siguiente observación:

> Y son las prácticas normativas de la comunidad de habla lo que fija y sostiene con firmeza las relaciones internas entre una palabra y su aplicación, entre la explicación del significado y lo que *pasa*, en la práctica del uso de la palabra, como uso correcto, así como lo que queda determinado como *siguiéndose de* su uso en una emisión.[1]

Tal y como yo la entiendo, esta tesis se podría establecer también diciendo que es a través de las respuestas de los hablantes a las emisiones como entran en el lenguaje distinciones como la de correcto e incorrecto. La incomprensión de la que tenemos que guardarnos es la de que podríamos basar una descripción del uso correcto en observaciones neutrales de la conducta lingüística de los miembros de una comunidad de hablantes. Que un intento así no podría lograr sus propósitos es claro a partir del hecho de que alguien que no tiene él mismo el dominio del lenguaje no podría decir cuáles serían los rasgos lingüísticos relevantes; en verdad, no tendría manera de distinguir el habla de otras formas de conduc-

---

1 Hacker, 2010, 21. (Las referencias se refieren al texto del inicio.)

ta. Cuando Quine argumenta que la distinción «analíti-
co/sintético» no se sostiene,[2] la razón para ello parece ser que él
considera que la observación de la conducta es la única fuente de
juicios acerca del significado. La observación no proporciona bases para distinguir entre relaciones basadas en conceptos y el
asentimiento basado en acuerdos respecto a hechos empíricos.
Sin embargo, si la observación neutral fuera todo lo que está
permitido, no podríamos llegar ni siquiera tan lejos como Quine
asume. Necesitamos lo que Hacker llama un punto de vista interno; si eso se concede, sin embargo, la razón de Quine para cuestionar la distinción «analítico/sintético» se disuelve.[3] Por otra
parte, como se verá, tengo algunos desacuerdos con el modo en
que Hacker construye ese punto de vista. El señalamiento de
Hacker acerca del enfoque de Wittgenstein como involucrando
un historicismo sin historia también es iluminador, al tiempo que
da pie a algunos interrogantes. Escribe Hacker:

> Los conceptos empleados por diferentes grupos lingüísticos y socia-
> les son el producto de la interacción social, respuestas a necesidades
> compartidas [...] de los intereses comunes a los que se apeló en cir-
> cunstancias variables de la vida social.[4]

Tomar en cuenta las circunstancias de la interacción lingüística
es un correctivo importante de formas más tradicionales de análisis filosófico, en las que uno tiende a enfocar de manera estrecha
las palabras o las oraciones que se consideren, por así decirlo, en
sí mismas. Wittgenstein nos exhorta a retroceder y a atender a las
situaciones en las que esas oraciones tienen un rol en la conversa-
ción. Esto, sin embargo, no debería confundirse con una investigación factual, orientada a encontrar una explicación de cómo la
cultura ha dado lugar a esas formas de expresión. Lo que se intenta hacer es más bien acceder a una comprensión clara de los

---

2 W. V. O. Quine, «Two Dogmas of Empiricism», en *From a Logical Point
of View*, Nueva York, Harper & Row, 1963.
3 Hay otras razones para cuestionar la distinción, pero no entraré en ellas.
4 Hacker, 2010, 21.

sentidos de las palabras en su uso real, de manera que se neutralice la tendencia filosófica por reconstruir mal sus sentidos en concordancia con ciertas ideas preconcebidas. Esto es, así lo entiendo, por lo que Hacker habla de un historicismo *sin* historia.

Sin embargo, cuando Hacker habla acerca de los conceptos como si fueran el *producto* de la interacción social, la forma de enunciar la temática es susceptible de confundir. Sugiere que uno está hablando acerca de una relación entre dos términos separados, las formas de interacción, por una parte, y los conceptos, por la otra. Esto no da en el blanco por cuanto la relación en cuestión es interna: es únicamente en el contexto de la interacción social que los conceptos son lo que son. Sólo cuando tienen un rol en la interacción humana puede decirse de las palabras emitidas que expresan un sentido. O, mejor dicho: hablar del sentido de las palabras es hablar de lo que los hablantes hacen al emitirlas. En breve, la dependencia importante aquí es lógica, no histórica. Lo que haya que hacerse en la emisión de palabras está ligado a las formas de interacción humana que existen en la sociedad de los hablantes. Reflexionar sobre variaciones culturales posibles o reales puede ser una ayuda importante al tratar de superar confusiones filosóficas, puesto que nos ayuda a liberarnos de la idea de que, como Wittgenstein lo expone en un pasaje citado por Hacker, «ciertos conceptos son absolutamente los correctos»,[5] y así nos ayuda a modificar el enfoque de nuestra atención del mundo acerca del cual hablamos a las cosas que hacemos cuando hablamos acerca de él.

Siguiendo a Wittgenstein, Hacker usa la palabra «concepto» al hablar sobre estas cuestiones. Me parece que este modo de hablar está cargado de riesgos y trataré de señalar modos en los que dichos riesgos se vuelven manifiestos en el ensayo de Hacker. Considérese, de nuevo, la noción de que los conceptos son el *producto*

---

[5] Wittgenstein, PPF, 366. Las referencias a las *Investigaciones filosóficas* de Wittgenstein se darán con IF y el número de la sección; las referencias a *Filosofía de la Psicología. Un Fragmento* (conocida previamente como Parte II de las *Investigaciones filosóficas*), con PPF y el número de sección.

de la interacción social. ¿En qué vamos a suponer que consiste ese producto? Si, como sugiero que deberíamos hacerlo, tomamos seriamente la noción de que nuestros conceptos —nuestros usos de palabras— están *constituidos* por formas de interacción social, entonces lo que tenemos es la idea de que las formas de interacción social están producidas por formas de interacción social. Esto en sí mismo, si bien puede sonar raro, podría ser una tesis sensata, si se la tomara como queriendo decir que las formas de interacción en una sociedad tienden a ser el producto histórico de formas previas de interacción. Pero difícilmente podría ser esto lo que Hacker quiere decir. Por una razón: esto ya no es una observación acerca del lenguaje. Lo que él quiere decir, sin embargo, sigue siendo oscuro. Esta oscuridad, yo sostendría, está entrelazada con el uso de la palabra «concepto». Cuando pensamos en el aprendizaje del lenguaje como la adquisición de conceptos, podemos representarnos el cuadro de que el proceso está mediado por la formación de ciertas entidades (núcleos de significado, por así decirlo), las cuales entonces se aplican en el uso y la comprensión de las palabras. Hacker, es verdad, explícitamente rechaza la sugerencia de que deba pensarse en los conceptos como si fueran entidades:

> Wittgenstein trata los conceptos no como entidades que haya que descubrir, sino como técnicas para el uso de las palabras. Haber dominado un cierto concepto es haber dominado la técnica del uso de una cierta palabra en algún lenguaje u otro. Poseer un concepto es ser capaz de usar la palabra o la frase correctamente, explicar lo que uno quiere decir mediante ella en un contexto dado y responder con comprensión a su uso.[6]

Sin embargo, hablar de técnicas en conexión con esto es retener la noción de un núcleo de significado, si bien de manera modificada. Tiene un olor fuertemente instrumental y ello es puesto al descubierto por Hacker mismo:

---

[6] Hacker, 2010, 19 y ss.

Los conceptos son [...] comparables a los instrumentos hechos para propósitos humanos y su adquisición es comparable al dominio de la técnica de uso de un instrumento. Son *técnicas* de uso de palabras gobernadas por reglas [...], sus técnicas de aplicación quedan exhibidas en el uso de las palabras en la práctica.[7]

Considerar un uso de palabras como instrumental es pensar en él como si se le empleara para servir a algún propósito que existe independientemente del dominio que uno tiene de esas palabras. Dichos usos de palabras ciertamente existen. Un caso obvio es el juego de los albañiles en la sección 2 de las *Investigaciones filosóficas*. Allí la técnica de pedir ladrillos simplemente se añade a la actividad de construir un edificio; se trata de una técnica limitada dentro de un todo más amplio. Pero ciertamente es una simplificación considerar esto como un paradigma de la clase de aprendizaje que tiene lugar en tanto aprendemos a hablar. Wittgenstein nos previene en contra de la tendencia a tratar diversos usos de palabras en concordancia con un único patrón. Así, después de comparar los usos de las palabras con instrumentos de una caja de instrumentos, escribe:

Supóngase que alguien dijera: «Todos los instrumentos sirven para modificar algo. Así, un martillo modifica la posición de un clavo; una sierra, la forma de un borde, y así sucesivamente». Y ¿qué es lo que modifican una regla, goma de pegar y clavos? «Nuestro conocimiento de la longitud de una cosa, de la temperatura de la goma y la solidez de la una caja.» ¿Se ganaría algo por la asimilación de estas expresiones?[8]

Considérese, digamos, a un niño que aprende a pedir agua para beber. Difícilmente puede esto entenderse en términos del reconocimiento por parte del niño de que tiene sed, desarrollando luego una técnica para echar a andar un proceso que en última instancia lo conducirá a que calme su sed; más bien, al aprender a

---

7 Hacker, 2010, 20.
8 Wittgenstein, 2009, IF, §14.

pedir beber algo, el niño desarrolla una comprensión de lo que significa tener sed. Esto es parte de la historieta; hay desde luego un elemento de reciprocidad al aprender a comprender acerca de la sed: yo no sé qué significa tener sed a menos de que me dé cuenta (independientemente de qué actúe por ello o no) de que la expresión de sed de alguien diferente puede involucrar un llamado a mí para que le dé algo de beber. Creo que esto muestra que no es ilustrativo hablar de aprender a expresar la sed o de aprender a comprender expresiones de sed en términos de la adquisición de una técnica para obtener ciertos fines. Un modo más natural de describir lo que sucede es decir que la palabra «sed» viene a incorporarse en la vida del niño, en sus relaciones con la gente que lo rodea. No hay ningún núcleo de significado que pueda considerarse separadamente de las formas de interacción social en las que la palabra «sed» tiene su uso. Se pueden hacer observaciones similares acerca del aprendizaje de muchos otros tipos de expresiones, como por ejemplo aprender a expresar nuestras intenciones (así como a comprender las expresiones de intención de otra gente). Esto es lo que Hacker tiene que decir acerca de las expresiones de intención:

> Aquí nosotros no insertamos un trozo de conducta lingüística sobre conducta expresiva natural, sino que más bien introducimos un trozo de conducta lingüística, el cual anuncia una acción. Decimos «voy a V (lanzar la pelota, darte la pelota)» e inmediatamente *paso a V*. El uso inicial por parte del niño de «voy a» es anunciar una acción. Y a partir de este inicio primitivo crecen las intenciones de largo plazo y sus expresiones, y el nexo con la realización inmediata se debilita.[9]

Ésta es una historieta algo simple. La diferencia entre declarar una intención como un modo de anunciar una acción y usar expresiones de intención en el contexto de la interacción humana no es simplemente una diferencia de lapsos de tiempo. Aprender a expresar intenciones y a comprender expresiones de intención, a un nivel importante, es llegar a comprender los modos en los

---

[9] Hacker, 2010, 30.

que las actividades humanas pueden entrelazarse o chocar, a comprender nociones como compromiso, aceptación, desafío, negociación, amenaza, etc. Una limitación similar de perspectiva se expresa en la siguiente tesis de Hacker:

> A nosotros [...] se nos admite en una comunidad humana [...] porque fuimos entrenados para imitar, instruidos para repetir y más tarde para aprender y porque se nos enseñó *cómo hacer cosas con palabras*, cómo tomar parte en innumerables *juegos de lenguaje* en la comunidad humana de familia y amigos, y posteriormente con extraños también. Las palabras con las que aprendemos a hacer cosas están, desde luego, reguladas. El que su empleo esté regulado es puesto de manifiesto en una regularidad *que presupone el reconocimiento de una uniformidad*.[10]

De hecho, este pasaje expresa varias concepciones diferentes de lo que sucede al aprender el lenguaje, ninguna de las cuales, desde mi punto de vista, puede acomodar el modo en que hablar se convierte en una extensión de la vida del hablante. Ni ser entrenados para imitar, ni instruidos para repetir, ni el aprender a reconocer una uniformidad da lugar a la noción de que aprender a hablar significa aprender a expresarse por medio de palabras.[11] Probablemente lo mismo sea verdad de eso a lo que Hacker se refiere mediante la frase austiniana «aprender a hacer cosas con las palabras», independientemente de que ésta signifique que dominar su uso es un instrumento para lograr diversos propósitos en concordancia con los lineamientos descritos más arriba o aprender a obedecer convenciones para el uso de palabras (posteriormente, en la p. 14, Hacker habla acerca de las *convenciones que determinan los límites del lenguaje*).[12]

---

10 Hacker, 2010, 21.

11 Deberíamos también considerar que un hablante normal no repite palabras y frases como lo hace un robot que las ha oído, sino que las emite con entonaciones de placer, de aflicción, de concentración, etc., o las acompaña con las expresiones apropiadas.

12 En cuanto a la idea de que nuestra vida con el lenguaje está gobernada por reglas o convenciones (una incomprensión frecuente de Wittgenstein), con-

Esto no es negar que elementos como los enlistados por Hacker participen en muchos de los procesos involucrados en el aprendizaje del lenguaje. Por ejemplo, de seguro que la imitación y la repetición son importantes en las primeras etapas en las que un niño aprende a producir sonidos en su lenguaje o empieza a interactuar con sus mayores, así como al aprender a hacer cosas como darle la bienvenida a alguien, dar las gracias, etc.; el reconocimiento de uniformidades, por otra parte, es una parte importante de la adquisición de, digamos, un vocabulario de colores (aunque desempeña un papel menor en muchas otras clases de aprendizaje del lenguaje).[13] Una vez dicho esto, es importante reconocer cuánto queda fuera de esta explicación. Simplemente habérsele enseñado a alguien el truco de nombrar colores de objetos que están a la vista dista mucho todavía de que domine las palabras de colores. Inclusive si los juegos de reconocimiento pueden ser una preparación para hablar acerca del color, no diremos que un niño sabe lo que es hablar de los colores hasta que observaciones acerca de los colores lleguen a constituir una parte inteligible de su vida.[14]

Conectado con esto está el hecho de que llegar a relacionarse con alguien como hablante no es un asunto de notar que éste vive de acuerdo con algún estándar o se ajusta a algún modelo, sino que es más bien un asunto de encontrarnos a nosotros mismos interactuando con él de modos que involucran palabras.

En otra parte, Hacker apunta a otra explicación del aprendizaje del lenguaje, cuando dice que los conceptos «Se nos proporcionan mediante explicaciones del significado de las palabras».[15]

---

sidérese Wittgenstein, 2009, IF, 83. Lo que ahí Wittgenstein sugiere es que, en muchas situaciones, más que reglas que determinan cómo actuemos, podemos fingir que seguimos reglas, elaborar reglas para la ocasión, etc. Dejarse llevar por reglas o convenciones no es más que un modo de relacionarse con ellas.

[13] Al final del pasaje recién citado, Hacker se refiere a las *Remarks on the Foundations of Mathematics*, 348, en donde Wittgenstein habla del rol de la uniformidad al aprender a hablar. Pero no hay sugerencia alguna de que Wittgenstein pretendiera que fuera una explicación general de lo que significa aprender a hablar.

[14] Éste es un punto central de Segerdahl *et al.*, *Kanzi's Primal Languages: The Cultural Initiation of Primates into La*nguage, Basingstoke, Palgrav, 2005.

[15] Hacker, 2010, 20.

Sin embargo, es seguro que ser capaz de comprender y de aplicar explicaciones de significado de palabras requiere de un grado bastante alto de sofisticación lingüística. Eso no puede ocurrir en una primera etapa del aprendizaje del lenguaje.

Inmediatamente después de eso, Hacker dice que «El uso de las palabras se integra con las actividades de los seres humanos en la corriente de la vida», pero no da ninguna clave respecto a cómo hemos de concebir el proceso de integración. ¿Acaso es externo al aprendizaje mismo? ¿Podría decirse de un niño que aprendió el uso de ciertas palabras *antes* de que el uso quedara integrado en sus actividades?, y, si ello es así, ¿cuál es rol de la integración para como pensamos el uso del lenguaje?, ¿suponer que habría hablantes cuyas palabras nunca quedaran integradas en sus actividades?; ¿podría de todos modos decirse de ellos que usan palabras? No es claro cómo Hacker delinea la relación del dominio de las palabras con las actividades en la corriente de la vida. En lo que a mí concierne, me resulta difícil ver cómo ese dominio podría manifestarse aislado de cualquier actividad. (Aquí, una vez más, la existencia de un núcleo de significado parece afirmarse en el pensar de Hacker.)

Así, si la explicación de Hacker de lo que es aprender a hablar parece dejar fuera elementos importantes, él parece ser consciente de que hay aspectos del proceso que su explicación es incapaz de capturar. Así, reconoce que:

> Lo que los niños aprenden no es cómo traducir sus pensamientos y deseos a palabras, sino cómo pedir, exigir, rogar, insistir, preguntar y responder a preguntas, llamar a gente y responder a los llamados, decirle a la gente cosas y escuchar lo que otros cuentan [...]. En la medida en que se incrementa el repertorio lingüístico del niño se expande también el horizonte de pensamientos, sentimientos y voliciones posibles. El niño se vuelve capaz de pensar cosas que no era concebible que hubiera pensado, sentir cosas que no era posible que hubiera sentido y querer cosas que no podríamos inteligiblemente decir de ningún animal que no use el lenguaje que quiere.[16]

---

16 Hacker, 2010, 21.

No obstante, al representar el aprendizaje de conceptos como el aprendizaje de una técnica, al citar la imitación, la repetición y el reconocimiento como centrales a lo que significa convertirse en hablante, Hacker transmite la impresión de que el lenguaje es un fenómeno superficial, un mero conjunto de convenciones, algo que podría ser espumeado de la vida como si fuera grasa. De seguro que eso es representar mal el lugar del lenguaje en nuestras vidas. Esta concepción de las cosas puede ser un efecto de considerar el aprendizaje del lenguaje bajo el aspecto de formación conceptual, una perspectiva que nos incita a considerar la vida que vivimos con el lenguaje en términos demasiado abstractos. (Es verdad que encontramos una tendencia similar en la obra del propio Wittgenstein.) En lo que sigue, deseo argumentar que el énfasis en los conceptos tiene consecuencias para el modo en que Hacker piensa sobre el papel de la aclaración filosófica.

Según Hacker, la filosofía «delinea la geografía lógica de aquellas partes del paisaje conceptual en el que estamos inclinados a perdernos, no por sí mismo, sino para que no nos perdamos».[17] Delinear el paisaje no es un fin en sí mismo, añade, sino que es algo que se efectúa para ayudarnos a encontrar nuestro camino. Podemos ahora preguntar: ¿qué significa perder nuestro camino en el paisaje conceptual? Podría verse en esto algo que sucederá en nuestro comercio cotidiano con las palabras. O podría ocurrir cuando reflexionamos sobre el uso. Este contraste es importante, pero Hacker no lo menciona explícitamente. De hecho, su pensamiento a este respecto es algo oscuro. Hacker dice que la filosofía, entre otras cosas, «nos invita a traer a la memoria rasgos del uso para que nos demos cuenta *del modo cómo inadvertidamente mal empleamos las palabras*»,[18] lo cual parece sugerir que piensa de las confusiones filosóficas que surgen en el uso real del lenguaje.[19] Pero normalmente se considera que la confusión filo-

---

[17] Hacker, 2010, 18.

[18] Hacker, 2010, 18. (Cursivas mías.)

[19] Hacker también contrasta el uso con lo que él, de manera un tanto confusa, llama «uso comparativo». Él da el ejemplo de las diferencias de uso entre «por poco» y «casi», sugiriendo que en tanto que pocos «hablantes competentes

sófica surge cuando reflexionamos sobre el uso de las palabras, no cuando las usamos. Éste, en todo caso, es el punto de vista de Wittgenstein. Éste cita la observación de Agustín acerca del tiempo como una expresión del típico predicamento de alguien que está en las garras de la confusión filosófica: *quid est ergo tempus? si nemo ex me quaerat scio; si quaerenti explicare velim, nescio.*[20]

¿Por qué ignora Hacker la muy importante distinción entre uso y reflexión? Aquí, desde luego, uno sólo puede especular, pero yo sugeriría que su pensamiento en relación con esto es una consecuencia natural del rol central que él le concede a los conceptos. En la concepción que le atribuyo, el tipo de intuición que el filósofo necesita para elaborar un mapa del paisaje conceptual viene junto con el conocimiento que el niño adquiere al aprender a hablar. El filósofo hace explícito el conocimiento implícito del niño. Con esto se va la idea de que podría haber una explicación completa de todos los conceptos de nuestro lenguaje proporcionada a través de lo que Hacker llama explicaciones del significado de palabras. Una explicación así, si la tuviéramos, se adelantaría al surgimiento de la perplejidad filosófica.

En contra de esto, yo argumentaría que la idea de una explicación completa de todos nuestros conceptos es una quimera; no porque proveer dicha explicación requeriría una cantidad desmesurada de tiempo, sino porque la cuestión de qué incluiría dicha explicación es indeterminada. Cuando le explicamos una palabra

---

del inglés podrían, de buenas a primeras, enunciar las diferencias entre "casi" y "por poco", de todos modos ellos nunca dirían "El budín tiene casi no suficiente azúcar" en vez de de "Por poco no tiene suficiente azúcar el budín"» (Hacker, 2010, 19). Pero la inhabilidad que Hacker describe aquí claramente depende del contexto de reflexión, no del de uso. Además, es difícil imaginar que el par de palabras «por poco» y «casi» dan lugar a confusiones filosóficas. En suma, es difícil ver qué es lo que se supone que ilustra el ejemplo de Hacker.

20 «¿Qué es, pues, el tiempo? Si nadie me lo pregunta, lo sé; pero si quiero explicárselo a alguien que me pregunta, entonces no sé». Wittgenstein, 2009, IF, §89. Considérense también las multicitadas observaciones de Wittgenstein acerca de las confusions filosóficas como surgiendo cuando el lenguaje se va de vacaciones (Wittgenstein, 2009, IF, §38), o «cuando el lenguaje está, por así decirlo, ocioso, no cuando está haciendo su trabajo» (Wittgenstein, 2009, IF, §132).

a alguien, la forma de nuestra explicación variará enormemente dependiendo de lo que el aprendiz ya sepa o sea capaz de hacer. Asimismo, el tipo de aclaración que se necesita para resolver un enredo filosófico depende de la naturaleza del desconcierto de nuestro interlocutor. Así, podríamos tener que descubrir qué analogías llevaron a que su pensamiento se extraviara. Como Wittgenstein expone en IF:

> [...] Podría decirse: una explicación sirve para eliminar o impedir una incomprensión; es decir, una incomprensión que surgiría si no fuera por la explicación, pero no toda incomprensión que pueda imaginar. [21]

De acuerdo con eso, el tipo de aclaración que se requiere en filosofía depende de las confusiones reales que surjan. Donde no hay confusiones, no hay nada que aclarar y, por consiguiente, no hay ninguna tarea que el filósofo tenga que efectuar.

Si esta idea es correcta, entonces se conecta con lo que podría decirse acerca del aprendizaje del lenguaje. El aprendizaje por parte del niño de nuevas formas de expresión no debe pensarse en concordancia con los lineamientos de la adquisición del lenguaje, ya sean implícitos o explícitos. Más bien, el niño simplemente adquiere nuevas formas de actuar y de responder.

Desde luego que dar cuenta de manera sustancial del aprendizaje del lenguaje no es una tarea de la filosofía. Más bien, el interés de la filosofía por el aprendizaje del lenguaje es una cuestión de anticiparse a incomprensiones respecto a lo que significa el convertirse en hablante. Esto requiere que se vea con claridad tanto el Scylla del intelectualismo (tratar el dominio de las palabras como constituido por un *saber cómo* o un *saber que*), como el Caribdis del condicionamiento mecánico. Ambos puntos de vista fracasan en dejarle lugar al modo en que el hablar se desarrolla orgánicamente en la vida de un niño. Es mi sensación de que Hacker no se las arregló para evitar estos riesgos.

---

[21] Wittgenstein, 2009, *IF*, § 87.

ANTROPOLOGÍA O HISTORIA NATURAL

Magdalena Holguín

Universidad Nacional de Colombia

En 1940, momento en el cual Wittgenstein había desarrollado ya buena parte de su llamada segunda filosofía, escribe:

> Si usamos el enfoque etnológico, ¿significa que estamos diciendo que la filosofía es etnología? No, sólo significa que estamos llevando nuestra posición más lejos, con el fin de ver las cosas de manera *más objetiva*.[1]

A partir de este comentario, Hacker intenta mostrar las implicaciones de la aproximación antropológica y etnológica que formaría parte del cambio de método que se inicia con el regreso de Wittgenstein a Cambridge en 1929, cuyo doble propósito es la aclaración de confusiones conceptuales y «la descripción de la geografía local de nuestros conceptos».[2]

Para precisar la intención y carácter de esta nueva manera de hacer filosofía, Hacker comienza contrastándola con las principales posiciones del *Tractatus*. La aproximación del primer Wittgenstein a la filosofía —análoga en este sentido a las de Frege y de Russell—, que pretendía develar la esencia del mundo a tra-

---

[1] Wittgenstein, MS 162b, 67v; CV 2.7.1940.
[2] Hacker, 2010, 19.

vés de su estructuración lógico-sintáctica, se revela, en este segundo momento, como una ilusión. La forma que adopta ahora la lógica del lenguaje será la de una gramática filosófica, esto es, la investigación del uso de los conceptos en contextos regulados —juegos de lenguaje— con el fin de identificar falsas analogías, diferencias que pasamos por alto, cambios de juego que inadvertidamente oscurecen su sentido, creando los nudos que la nueva metodología pretende disolver.

Lo que justifica, para Hacker, los calificativos de aproximación «antropológica» o «etnológica» para describir la nueva concepción filosófica de Wittgenstein es la perspectiva desde la que considera los problemas conceptuales. El uso que hacemos los seres humanos de las palabras como parte de nuestras actividades, los juegos de lenguaje en los que participamos, puede verse como un hecho antropológico de la historia natural del hombre. Desde este punto de vista, los conceptos son creaciones humanas, «comparables a instrumentos fabricados para propósitos humanos, y su adquisición es comparable al dominio de la técnica de utilizar un instrumento».[3] Las razones que aduce Hacker a favor de esta caracterización son, en primer lugar, la primacía de la acción y de la práctica en la investigación de las redes conceptuales y, en segundo lugar, su historicismo.

Respecto al primer aspecto, Hacker señala acertadamente gran parte de las implicaciones que tiene concebir las palabras como actos, el carácter fundamental de las prácticas normativas de la comunidad para la determinación del sentido, las estrechas relaciones que establece Wittgenstein entre comportamientos, actividades, reacciones y usos lingüísticos. En la explicación del segundo aspecto, Hacker precisa que se trata de un «historicismo sin historia». Con esto quiere decir que, aun cuando la forma en que Wittgenstein analiza los conceptos supone que éstos son producto de interacciones sociales, necesidades compartidas, invenciones y descubrimientos, éstos se desenvuelven de maneras diferentes a lo largo del tiempo y del espacio. A diferencia de Spengler,

---

[3] Hacker, 2010, 20.

sin embargo, quien hace un recuento de las matemáticas en diferentes épocas y culturas, Wittgenstein no se interesa por la historia efectiva de los conceptos en diferentes comunidades o momentos. En lugar de recolectar hechos empíricos que muestren diversas formaciones conceptuales, Hacker sostiene que la forma como Wittgenstein inventa distintas formas de representación ilustra suficientemente la dependencia de nuestros conceptos de hechos generales de la naturaleza, y estas observaciones «se aplican con facilidad a hechos particulares de la historia de las sociedades humanas».[4]

Hacker pasa luego a considerar la autonomía de la gramática filosófica. En efecto, Wittgenstein se esfuerza, a lo largo de sus escritos tardíos, por mostrar que las reglas de uso de los conceptos son arbitrarias, en el sentido de que no pueden justificarse por referencia a los hechos, como dice Hacker, pero sería pertinente agregar: tampoco con referencia a la razón. J. Bouveresse se refiere a esta posición como «la invención de la necesidad»[5] para señalar, a la vez, la imposibilidad de establecer significados que no estén sujetos a esta normatividad compartida, y el origen práctico y social de nuestras redes conceptuales. De este peculiar carácter de la gramática filosófica concluye Hacker que sus reglas constituyen un «fenómeno etnológico». El uso que hacemos los humanos de los signos para diferentes propósitos es parte integral de nuestra forma de vida en comunidad. Este enfoque etnológico nos permite alcanzar un mayor grado de objetividad en la medida en que nos aleja de una concepción metafísica según la cual las proposiciones que Wittgenstein describe como reglas para el uso inteligible de conceptos serían, más bien, algún tipo de verdades que describirían «hechos necesarios».

La formación, aplicabilidad y utilidad de nuestros conceptos exige una serie de condiciones generales relativas a «la naturaleza empírica del mundo que nos rodea y a *nuestra* naturaleza empíri-

---

4 Hacker, 2010, 23.
5 Bouveresse, 1987.

ca».[6] Hacker señala una serie de hechos naturales y sociales —la forma como compartimos capacidades perceptivas, necesidades, disposiciones comportamentales, conductas expresivas— cuya persistencia incide directamente sobre nuestras actividades, el tipo de conceptos que inventamos y, ante todo, sobre su aplicabilidad y utilidad.

Desde luego, este conjunto de hechos antropológicos no resuelve, por sí mismo, ningún problema filosófico; como bien lo dice Hacker, ningún descubrimiento empírico y, menos aún, estos lugares comunes empíricos podrían incidir sobre la solución de un asunto conceptual. Su importancia reside, más bien, en que tal perspectiva nos permite verlos bajo una nueva luz. En relación con conceptos como el de dolor, por ejemplo, y en general aquellos que presuntamente se refieren a experiencias «internas» o subjetivas, una aproximación antropológica o etnológica nos lleva a remitirnos más bien a comportamientos naturales, instintivos, en lugar de perdernos en los laberintos teóricos de la introspección, la privacidad epistémica, el acceso privilegiado a nuestra propia conciencia, y otros confusos derroteros filosóficos establecidos a partir del modelo cartesiano.

Hacker identifica una tendencia antropológica análoga en las reflexiones de Wittgenstein sobre las condiciones que nos permiten compartir juegos de lenguaje y, por lo tanto, el uso social de los conceptos. Tales condiciones aluden a un amplio consenso en los juicios que, en la opinión de Hacker, remite a una forma de vida compartida, a acuerdos en comportamientos y reacciones. Desde luego, como él señala, no se trata de concordar en opiniones, ni de que la verdad de nuestros juicios empíricos dependa del acuerdo con otros hablantes.[7] Como dice Wittgenstein, es una regularidad en la que coincidimos en la acción.[8]

Para finalizar, Hacker contrasta lo que llama el enfoque etnológico de Wittgenstein con otras posiciones filosóficas —el plato-

---

6 Hacker, 2010, 27.
7 Hacker, 2010, 29 y ss.
8 Wittgenstein, OFM, 342 y ss.

nismo, el esencialismo *a posteriori* de Putnam y Kripke, el naturalismo de Quine y de sus seguidores—, señalando sucintamente, en cada caso, las principales objeciones que se pueden hacer desde una perspectiva wittgensteiniana a cada una de estas teorías.

De una manera general, puede decirse que Hacker consigue ampliamente su propósito de mostrar el interés de abordar la segunda filosofía de Wittgenstein desde la perspectiva que él califica de antropológica o etnológica. Es evidente que uno de los aspectos más sorprendentes del nuevo método que propone Wittgenstein para la filosofía con posterioridad al *Tractatus* es la manera en que modifica radicalmente la forma tradicional de abordar los problemas teóricos y conceptuales, y es indudable que buena parte de esta innovación reside en la reubicación de los mismos dentro de la vida y el lenguaje ordinarios, dentro de un contexto de prácticas y actividades en el que incluso nuestras reacciones y comportamientos más instintivos desempeñan un papel importante en la formación y comprensión de nuestras redes conceptuales.

Quizás el mayor logro de esta aproximación «antropológica» sea el abandono de la actitud teórica que caracteriza a las empresas filosóficas clásicas, antiguas y contemporáneas que, en su afán explicativo análogo al de los modelos científicos, nos ocultan el funcionamiento real de los conceptos, sus propósitos y finalidades, sus mutuas relaciones en las muchísimas regiones en las que actuamos y vivimos.

Hacker es cuidadoso al afirmar que ninguna investigación empírica —ni etnológica ni de otro tipo— podría contribuir a la solución de problemas filosóficos, y que el punto de vista etnológico no implica en absoluto entender la filosofía como una rama de la antropología. Las investigaciones adelantadas por Wittgenstein no son, como claramente afirma Hacker, investigaciones etnológicas, sino lógico-gramaticales, y su finalidad es desenredar los nudos conceptuales que llevan a confusiones y malentendidos. A pesar de estas precisiones, creo que el hecho de calificar el método del segundo Wittgenstein como un enfoque antropológico o etnológico conlleva una serie de dificultades que expondré a continuación.

En primer lugar, análogamente a lo que afirma Hacker sobre un historicismo sin historia, a mi parecer se trataría de un enfoque antropológico sin antropología, o de un enfoque etnológico sin etnología. Así como no hay en Wittgenstein ejemplos de desarrollos históricos concretos en el campo de las matemáticas, tampoco habría, estrictamente, un estudio comparativo del desarrollo de ciertos conceptos en culturas humanas específicas en diferentes momentos de su historia. Con excepción de los ejemplos concretos de rituales que aparecen en *Observaciones a* La rama dorada *de Frazer*, donde el propósito evidente es criticar el tipo de explicaciones que ofrece el famoso antropólogo de ellos, cuando Wittgenstein habla de comunidades o tribus hipotéticas lo hace de la misma manera que cuando imagina un desarrollo diferente de la historia de las matemáticas o de la historia natural.

Las consideraciones antropológicas y etnológicas que Wittgenstein incluye como parte de su nuevo método serían, entonces, observaciones de carácter muy general, que no corresponden, estrictamente, a ninguna investigación particular de estas disciplinas. Como dice el mismo Hacker, prácticamente son lugares comunes empíricos sobre las comunidades y los comportamientos humanos.

En segundo lugar, hablar de un «enfoque» antropológico o etnológico puede dar lugar a cierta ambigüedad, como creo que en efecto sucede en el artículo comentado. Personalmente no creo que Wittgenstein quiera proponer un enfoque antropológico para la disolución de las confusiones filosóficas; quiere proponer un nuevo método para la filosofía; más aún, sostiene que la filosofía no sería nada distinto de la aplicación de este método.[9] Que la gramática filosófica —la identificación de las reglas que nos permiten el uso intersubjetivo de los conceptos— exija que se consideren las situaciones reales de aplicación conceptual, así como todo el entramado vital de actividades y prácticas dentro de las

---

[9] A este respecto, es interesante señalar que la concepción de la filosofía como un método de aclaración está presente en Wittgenstein inclusive desde el *Tractatus*.

que se enmarca esta aplicación, no modifica en nada el carácter estrictamente filosófico de la propuesta. Desde luego, tampoco Hacker está proponiendo que la filosofía utilice los métodos específicos de disciplinas como la antropología o la etnología, pero entonces no resulta claro cuál es el propósito de caracterizar de esta manera el nuevo método de Wittgenstein a partir de 1929.

Parecería haber una tercera dificultad con el uso de los términos «antropológico» y «etnológico» en lo que se refiere a las formas de vida. Tal y como demuestra la bibliografía sobre el tema, éste es uno de los conceptos de más difícil interpretación en la obra de Wittgenstein, tanto por los escasos pasajes en los que aparece, como por el alcance que pueda atribuírsele.[10] En primer lugar, los comentaristas difieren acerca de si Wittgenstein se propone distinguir la forma de vida de los hombres de la de otras especies («Si un león hablara, no podríamos entenderlo») o si, por el contrario, estaría aludiendo a una especie de desarrollo histórico de formas de vivir, en analogía con metodologías morfológicas como las propuestas por Goethe y por Spengler en otros campos. Aparte de esta dificultad inicial, estaría la dificultad de considerar las formas de vida precisamente desde el punto de vista antropológico o etnológico. Si se las entiende en este sentido, y en una forma más específica, esto daría lugar a un relativismo cultural,[11] según el cual la comprensión y aplicación de los conceptos debería estar precedida de algún tipo de investigación empírica sobre los usos de los mismos en comunidades determinadas. En su versión más extrema, habría una especie de inconmensurabilidad respecto al significado de los conceptos e, igualmente grave para el proyecto que se propone adelantar Wittgenstein, no sería posible hablar de juegos de lenguaje sin remitirnos a idiomas y sociedades efectivamente existentes.

Hacker, indudablemente, descartaría una posición semejante; sin embargo, su insistencia en los aportes de estas disciplinas co-

---

10 Véase, por ejemplo, Garver, 1994.
11 Sobre la forma como algunos intérpretes contemporáneos tratan el problema del relativismo en Wittgenstein, véase Moyal-Sharrock y Brenner, 2007.

mo perspectiva metodológica en Wittgenstein abre la posibilidad a este tipo de interpretaciones que, por lo demás, son desafortunadamente frecuentes entre quienes se dedican a las ciencias sociales y pretenden incorporar algunas de las ideas de Wittgenstein a sus investigaciones, sin tener en cuenta su propósito eminente filosófico ni el contexto en el que fueron desarrolladas.[12]

Si la intención de Hacker, como la entiendo, es más bien mostrar la dependencia que tienen los conceptos y sus reglas de uso de algunos hechos muy generales de la historia natural de los hombres, creo que sería más adecuado hablar de una «naturalización» de la filosofía o, sencillamente, de naturalismo. No debemos olvidar que Wittgenstein no sólo se refiere a nuestra vida en comunidades, sino también a regularidades de nuestro entorno físico. Como dice el mismo Hacker, nuestras redes conceptuales dependen de condiciones relativas a «la naturaleza empírica del mundo que nos rodea y a *nuestra* naturaleza empírica».[13]

Strawson, en *Skepticism and Naturalism: Some Varieties. The Woodbridge Lectures, 1983*,[14] establece una interesante relación entre el naturalismo de Wittgenstein y el de Hume a propósito del problema del escepticismo. Aun cuando, en su opinión, la posición de Wittgenstein es más compleja, variada y dinámica, la distinción entre proposiciones que pueden ponerse en duda y aquellas en las que no podemos dejar de creer, presente en ambos autores de diferentes maneras, remite precisamente a este naturalismo. Según Strawson, para Hume las dudas escépticas deben desecharse por ser ociosas, esto es, «impotentes contra la fuerza de la naturaleza, de nuestra disposición, naturalmente implantada a creer». Para Wittgenstein, estos aspectos naturales incluirían además los aspectos que menciona Hacker: el aprendizaje, el entrenamiento, las prácticas normativas de la comunidad, nuestras

---

[12] Para citar sólo un ejemplo de la antropología contemporánea, en mi opinión, algunos de los escritos de Veena Das, por lo demás de gran interés, adolecerían en ocasiones de esta forma poco rigurosa de apropiación de las doctrinas de Wittgenstein.

[13] Hacker, 2010, 27.

[14] Strawson, 1985.

reacciones espontáneas y patrones de comportamiento.[15]

No sólo a propósito de los problemas relacionados con el escepticismo, sino de manera más general respecto a la metodología filosófica que propone, la reubicación de los asuntos conceptuales que Hacker atribuye a un enfoque «antropológico» o «etnológico» podría entenderse, más sencillamente, como una «naturalización» de los mismos. Usar el lenguaje es tan natural como cualquier otra de las actividades humanas. «Ordenar, preguntar, relatar, conversar, pertenecen a nuestra historia natural tanto como andar, comer, beber, jugar.»[16]

El reubicar nuestras presuntas actividades mentales y privadas dentro de las prácticas y costumbres cotidianas, relacionar la aplicación de los conceptos con reacciones instintivas, orgánicas, biológicas es, indudablemente, parte fundamental del método propuesto por el segundo Wittgenstein. Pero todos estos aspectos, que llevan ciertamente a la desmitificación de muchas de las tesis propias de la filosofía clásica y de la forma tradicional de abordar los problemas conceptuales, tienen un carácter eminentemente general, que reñiría con la especificidad de lo antropológico y lo etnológico como tales.

En relación con lo anterior, puede resultar pertinente la distinción inicialmente establecida por Kant entre lo concreto y lo particular. En el caso de las reglas, por ejemplo, aun cuando Wittgenstein sostiene que la aplicación de las reglas se da siempre en contextos concretos, excluye siempre la posibilidad de un uso particular o idiosincrásico de la regla. Al hablar de usos concretos se elimina el prejuicio filosófico de creer que los conceptos tendrían un significado universal y atemporal, pero se elimina asimismo la idea de que toda situación empírica particular exigiría una aplicación diferente. El nivel de lo concreto, entonces, nos ofrece la idea de una generalidad empírica, dinámica y variable, que se ajusta más adecuadamente a la intención metodológica de

---

15 Garver, Malcolm y muchos otros sostendrían asimismo que la idea de formas de vida lleva implícita en Wittgenstein un tipo evidente de naturalismo.

16 Wittgenstein, IF, 25.

Wittgenstein. Los hechos a los que nos remite Hacker, nuestras capacidades perceptivas y mnemónicas, nuestros comportamientos frente al dolor, nuestras necesidades compartidas, por ejemplo, son, efectivamente, concretos y naturales. Pero antropológicos o etnológicos sólo en el sentido muy general de hechos relativos a lo humano.

Las observaciones anteriores no demeritan en modo alguno el interés del artículo de Hacker. A mi parecer, hablar de «historia natural» cumpliría la misma función que atribuye este autor a «enfoque antropológico y etnológico» y tendría la ventaja adicional de evitar ciertas interpretaciones problemáticas de Wittgenstein. La insistencia en estos calificativos, sin embargo, cumple a cabalidad el propósito del escrito, en la medida en que permite identificar los aspectos más originales del método de Wittgenstein. Al igual que sucede con el resto de sus textos, Hacker, con su distintiva claridad y lucidez, aporta elementos esenciales para una mejor comprensión de Wittgenstein.

BIBLIOGRAFÍA

BOUVERESSE, Jacques (1987): *La Force de la règle.* París: Minuit.

GARVER, Newton (1994): *This Complicated Form of Life.* Chicago: Open Court.

HACKER, P. M. S. (2010): «Wittgenstein's Anthropological and Ethnological Approach», en J. Padilla Gálvez (ed.), *Philosophical Anthropology. Wittgenstein's Perspective.* Frankfurt: Ontos Verlag, pp. 15-32. Traducido en este volumen.

MOYAL-SHARROCK, Danièlle y BRENNER, William H. (2007): *Readings of Wittgenstein's* On Certainty. Nueva York: MacMillan.

STRAWSON, Peter F. (1985): *Skepticism and Naturalism: Some Varieties. The Woodbridge Lectures, 1983.* Nueva York: Columbia University Press.

EL ENFOQUE ETNOLÓGICO DE WITTGENSTEIN RECONSIDERADO

Witold Jacorzynski
CIESAS Golfo

1. INTRODUCCIÓN

E l artículo del profesor Hacker aporta una postura interesante sobre un tema poco explorado en la obra de Wittgenstein: su enfoque etnológico. El ensayo se abre con una cita del filósofo vienés de 1940, o sea, «en una época en la que los puntos de vista tardíos de Wittgenstein estaban ampliamente formados»: «Cuando utilizamos la manera etnológica de consideración, ¿quiere acaso decir esto que explicamos la filosofía como etnología? No, sólo quiere decir que tomamos un punto de vista exterior para poder ver las cosas *objetivamente*».[1] Hacker utiliza esta cita como punto de partida para reflexionar sobre cosas de máxima importancia: el método de la primera y la segunda filosofía de Wittgenstein y una serie de conceptos sobre los cuales aquéllas se fundamentan, como espacio lógico y lógica, gramática, conceptos, reglas, juegos de lenguaje, forma de vida, confusiones conceptuales. Finalmente, Hacker defiende la epistemología de Wittgenstein en contra de otras tres epistemologías

---

[1] Wittgenstein, O, 199.

rivales: la platónica de Frege, la esencialista de Locke y Putnam y la naturalista de Quine. Este contraste es un gran *finale* tanto inesperado como indispensable del ensayo. Nos permite forjar una imagen auténtica de la epistemología de Wittgenstein en oposición a las imágenes falsas de ella, que circulan como sus retratos sobre las cajas de chocolates austriacas. En el presente ensayo no quiero argumentar en contra de la idea general expresada claramente en la primera cita. Lo que queda *claro* es lo que Wittgenstein dice *claro*: la filosofía *no es* parte de la etnología. Pero lo que Hacker hace en su ensayo es ofrecer una interpretación de esta cita además de ofrecer razones filosóficas que, dicho sea de paso, nos involucran en ciertas discusiones que atañen a dos disciplinas distintas aunque interrelacionadas: la filosofía y la antropología.

De entrada, sería de utilidad introducir algunas tesis formuladas y defendidas por Hacker para poder directamente dialogar con ellas. En primer lugar, Hacker asume que:

1) La transición entre el *Tractatus* y las *Investigaciones filosóficas* marca un creciente interés de Wittgenstein en el «enfoque *etnológico*». Esto se relaciona con algunas características clave de la segunda epistemología wittgensteiniana. «Él lo describía así: "Este método es esencialmente la transición que lleva de la cuestión de la verdad a la cuestión del sentido"».[2]

2) A las más importantes características clave de la segunda epistemología pertenecen las de análisis conductual, regularidad/uniformidad, historicidad («sin historia»), autonomía y arbitrariedad de la gramática. «La gramática no es susceptible de corrección por parte de los hechos; es, en un sentido importante, *arbitraria*. [...] Esto significa que no se puede decir de ellas que están bien o mal, que son correctas o incorrectas relativamente a cómo sean las cosas en la realidad».

3) El «enfoque etnológico» nos permite ilustrar y comprender mejor las características de la gramática mencionadas arriba. Aquel consiste en mostrarnos la posibilidad de *otra* gramática: «[...] esta forma de ver las cosas *ayudará* a que nos desprendamos

---

2 Wittgenstein, MS 106, 46.

de un conglomerado omnipresente de ilusiones que la filosofía ha venido arrastrando desde sus inicios».

4) Esta función del enfoque etnológico es un complemento al análisis filosófico-conceptual (normatividad), mas no puede sustituirlo. «El punto de vista etnológico de Wittgenstein no es un compromiso con la construcción de la filosofía como una rama de la antropología.» Puesto que «la tarea *filosófica* es desenredar los nudos que hemos hecho en la red. Para ese propósito, tenemos que describir la red y su entretejido, y ésa no es una tarea etnológica. Es una tarea lógico-gramatical, en la que las reglas familiares de los usos de las expresiones tienen que ser cuidadosamente seleccionadas y adecuadamente organizadas para exhibir las fuentes de confusión y de incomprensión. Para ello requerimos de un punto de vista, por así decirlo, "interno", no de uno etnológico o antropológico». Empecemos según el orden mencionado.

2. DESDE EL MUNDO DEL CRISTAL HASTA LA TIERRA ÁSPERA

El joven Wittgenstein expuso en su primera gran obra, titulada *Tractatus logico-philosophicus*, una teoría pictográfica del sentido/significado. Wittgenstein buscó «la forma general de las proposiciones», o sea, lo que hacía posible todas las proposiciones, y la encontró en la correspondencia entre lenguaje y mundo. La forma general de todas las proposiciones es «Así es como son las cosas».[3] La proposición era un modelo articulado consistente en elementos situados en una relación definida los unos con los otros. La proposición era verdadera cuando existía la correspondiente disposición de los hechos en la realidad. La proposición: «Un gato se sentó sobre la mata» era verdadera si un gato se sentó sobre la mata. La proposición tenía sentido, o sea, era capaz de decir algo, puesto que representaba el mundo. En otras palabras, existía una identidad estructural de la forma lógica del pensamiento de la proposición y de la realidad; ya que no podemos si-

---

[3] Winch, 1994, 50.

tuarnos con nuestro pensamiento y lenguaje fuera del espacio lógico, de éste último no se puede hablar. Puesto que en el *Tractatus* habló sobre lo inefable, sus proposiciones carecían de sentido
sin que por ello fueran inútiles: más bien se parecían a la escalera
por la cual uno debe subir para posteriormente liberarse de ella.

Pero Wittgenstein pronto construyó una nueva escalera y, con
su ayuda, empezó a bajar de las alturas al mundo terrenal. La teoría pictográfica del sentido/significado expuesta en el *Tractatus* le
pareció al Wittgenstein tardío muy problemática.[4] Cuando Piero
Srafa lo convenció de que un gesto tenía sentido aunque no tuviera la estructura de una proposición, Wittgenstein empezó a elaborar una teoría alternativa del sentido, que finalmente, expuso
en su segunda obra principal *Philosophische Untersuchungen*, (*Investigaciones filosóficas*, IF). El sentido de las palabras, enunciados y signos, en general, no consiste en que éstos representan o
denotan, sino en cómo están usados en diferentes situaciones.
Aquí surge una pregunta irreverente: ¿cómo distinguir entre situaciones apropiadas y no apropiadas para el uso de de la expresión X? Esta pregunta es una pregunta por la gramática, que en la
obra tardía de Wittgenstein es un *analogon* al espacio lógico del
Tractatus.

Wittgenstein utiliza la palabra «gramática» en diferentes contextos emparentados: por ejemplo, por ejemplo, la gramática de
las palabras «saber» o «poder» están emparentada con la gramática de la palabra «entender» que está vinculada a las anotaciones
«dominar una técnica»[5] «los criterios de uso de las palabras».[6] A
la pregunta si podemos llamar «seguir la regla» a algo que pudie-

---

4   A. Tomasini toca el mismo punto cuando opone el primer Wittgenstein al
segundo. Mientras que en el *Tractatus* se fijó los límites de la significatividad
desde dentro del lenguaje y por medio del lenguaje (un intento fallido), en el segundo el lenguaje tiene la peculiaridad de versar ya no sobre nuevos hechos sino
sobre sus propias reglas, los sentidos, las formas proposicionales posibilitando la
«auto-generación y expansión multidireccional del lenguaje». Tomasini, 2009:
89.

5   Wittgenstein, IF, 150.

6   Wittgenstein, IF, 182.

ra hacer *un* hombre sólo *una* vez en la vida, Wittgenstein no responde directamente: sugiere el estatus de la respuesta: «Y ésta es naturalmente una anotación sobre la gramática de la expresión "seguir una regla"».[7] La gramática no traza ideales, lo que hace es que sólo «describe el uso de los signos, pero no explica en modo alguno».[8] La gramática se compone de reglas gramaticales; se las puede llamar «arbitrarias», si con ello se quiere decir que el propósito de la gramática es sólo el mismo que el del lenguaje.[9] Así entendida, la «gramática en profundidad» se separa de la gramática superficial en el sentido ordinario lingüístico. Éste es su modo de uso de la noción «en la construcción de la proposición, la parte de su uso —podría decirse— que se puede percibir con el oído. Y ahora compárese la gramática profunda de las palabras "querer decir", por ejemplo, con lo que su gramática superficial nos haría suponer».[10] La confusión entre lo que se puede decir correctamente e incorrectamente (en el sentido de gramática superficial) y lo que se puede decir sin y con sentido (gramática en profundidad) es la fuente y origen de los más horrendos enredos conceptuales, problemas filosóficos, enigmas metafísicos, todos ellos sin respuesta. Como afortunadamente reconoce Hacker, siguiendo a Wittgenstein, el reconocimiento de esta confusión primaria hace que «los nudos filosóficos que hicimos en nuestro entendimiento empiezan a deshacerse». Hacker nos proporciona ejemplos de los criterios o reglas del uso de la expresión «querer decir»:

Así, por ejemplo, cuando se nos recuerda que podemos hablar rápida o lentamente, pero que no podemos querer decir algo rápida o lentamente; que se puede hablar mejor de lo que se puede escribir, pero que no se puede querer decir algo mejor de lo que se puede escribir; que uno puede empezar a decir algo, pero que uno no puede empezar a querer decir algo mediante lo que dice, y así sucesivamen-

7 Wittgenstein, IF, 199.
8 Wittgenstein, IF, 496.
9 Wittgenstein, IF, 331.
10 Wittgenstein, IF, 664.

te, podemos caer en la cuenta de que querer decir algo mediante
nuestras palabras no es una actividad de la mente. De ahí que la filosofía sea una investigación conceptual cuyo doble propósito es la disolución de los problemas filosóficos y el desenredo de las confusiones conceptuales, por una parte, y la descripción de la geografía
lógica de nuestros conceptos, por la otra.[11]

Hay cosas interesantes en esta cita. En primer lugar, el paso de
la investigación de la verdad/falsedad (*Tractatus*) al senti-
do/sinsentido (*Investigaciones filosóficas*) queda muy bien ilustrado. Lo que interesa ahora a Wittgenstein no es la manera de representar el mundo a través de las proposiciones, sino lo que se
puede decir con y sin sentido en diferentes campos del lenguaje.
Recordemos las famosas paradojas de Wittgenstein sobre la gramática de donar: «¿Por qué no puede mi mano derecha donar
dinero a mi mano izquierda?»,[12] o bien sobre la gramática de
«creer»: «El perro cree que su dueño está en la puerta. Pero
¿puede creer también que su dueño vendrá pasado mañana?».[13]
D. Z. Phillips contribuyó más que nadie al análisis de la gramática
del lenguaje religioso. «Así como uno puede decir "mi amigo me
perdona, pero yo no puedo perdonarme a mí mismo", no podemos decir "Dios me perdona, pero yo no puedo perdonarme a mí
mismo" en por lo menos uno de los contextos, uno puede también maldecir a otra persona considerando su vida como signifi-
cativa, mientras que maldecir a Dios sería maldecir el día en que
uno nació.»[14]

En segundo lugar, ¿por qué podemos caer en la cuenta de que
querer decir algo mediante nuestras palabras no es una actividad
de la mente? Si querer decir algo mediante nuestras palabras no
es una actividad de la mente, entonces ¿qué es? De ayuda sería
una feliz metáfora anterior en la cual Hacker propone ver la gramática como una «geografía». Recordemos otra vez el modelo de

---

[11] Hacker, 2010, 19.
[12] Wittgenstein, IF, 268.
[13] Wittgenstein, IF, 409.
[14] Phillips, 1986, 25.

la escalera. En el *Tractatus*, la escalera sirvió para subir, poder contemplar desde «arriba» «el orden *a priori* del mundo, esto es, el orden de las posibilidades que tienen que ser comunes al mundo y pensamiento». Este orden tiene que ser «anterior a toda experiencia; no puede adherírsele ninguna opacidad o inseguridad empírica. Tiene que ser más bien de cristal purísimo».[15] En la época posterior la escalera le sirvió a Wittgenstein para bajar al mundo terrenal. Este mundo se lo explora horizontalmente, caminando de una región del lenguaje a otra, como un geógrafo, un explorador. En lugar de un orden de «puro cristal», de una relación isomórfica entre mundo, lenguaje y pensamiento, aparecen valles, montañas y pantanos del lenguaje real. ¿Acaso valió la pena abandonar el orden de puro cristal para sumergirse en la tierra? Wittgenstein lo justifica de manera ingeniosa:

> Cuanto más de cerca examinamos el lenguaje efectivo, más grande se vuelve el conflicto entre él y nuestra exigencia. (La pureza cristalina de la lógica no me era *dada como resultado;* sino que era una exigencia.) El conflicto se vuelve insoportable; la exigencia amenaza ahora convertirse en algo vacío. Vamos a parar a terreno helado en donde falta la fricción y así las condiciones son en cierto sentido ideales, pero también por eso mismo no podemos avanzar. Queremos avanzar; por ello necesitamos la *fricción*. ¡Vuelta a terreno áspero![16]

La vuelta al terreno áspero significa hundirse en las asperezas del lenguaje real.

En tercer lugar, el propósito de este esfuerzo es doble: el análisis filosófico debe contribuir al «desenredo de las confusiones filosóficas» además de describir «la geografía lógica de nuestros conceptos».[17] Como veremos más adelante, este doble propósito necesita completarse.

---

[15] Wittgenstein, IF, 97.
[16] Wittgenstein, IF, 107.
[17] Hacker, 2010, 19.

3. EL LENGUAJE Y LA GRAMÁTICA PROFUNDA

Hacker procede enfocándose en las características básicas de este lenguaje: su carácter conductual, regular, historicista, autonomista y arbitrario. Procedamos según el orden mencionado.

Hacker observa con razón que la característica dominante de los «conceptos y redes conceptuales» es su carácter conductual, dinámico, actuante. Las actividades humanas están sumergidas en una eterna corriente de flujo de vida que a la vez son las «prácticas normativas de la comunidad de habla», o sea, las actividades dirigidas a «corrección de errores, de explicaciones de lo que se quiso decir, de respuestas apropiadas para el uso correcto, de manifestaciones de comprensión, incomprensión y de no comprensión». Los conceptos no son entidades, como lo pensó Frege, son creaciones humanas, técnicas para el uso de las palabras, son «instrumentos hechos para propósitos humanos y su adquisición es comparable al dominio de la técnica de uso de un instrumento. Son *técnicas* de uso de palabras gobernadas por reglas. [...] El uso de las palabras se integra con las actividades de los seres humanos en la corriente de la vida».[18] Hacker observa que a Wittgenstein le gustaba citar la observación de Goethe en el *Fausto*: *Im Anfang war die Tat*; no «Al principio fue la Palabra», sino más bien «Al principio fue la acción». Puesto que «las palabras son acciones», aprender a hablar es aprender a actuar.

La siguiente característica sobre la cual se fundamentan los conceptos y toda la conducta humana es la uniformidad formada a través de las repeticiones: «fuimos entrenados para imitar, instruidos para repetir y más tarde para aprender y porque se nos enseñó *cómo hacer cosas con palabras*, cómo tomar parte en innumerables *juegos de lenguaje* en la comunidad humana de familia y amigos, y posteriormente con extraños también». Hacker toca aquí uno de los temas más importantes de la filosofía wittgensteiniana: un intento valeroso para explicar el significado en términos

---

[18] Hacker, 2010, 20.

de sus usos-técnicas, el uso en términos de repeticiones/regularidad, siendo esta última posible gracias a la posibilidad de seguir la regla. Es difícil, como mostró Kripke, aplicar el concepto de seguir la regla únicamente con base en regularidad/uniformidad. De lo que no cabe duda es de que la uniformidad es una condición necesaria de seguir la regla, aunque no la condición indispensable y suficiente a la vez. Es indispensable porque la falta de ella excluye la comprensión en absoluto. El argumento de las «otras tribus» se impone precisamente en este momento. «Si miramos la serie de sus movimientos no podemos ver ninguna regularidad. ¿Qué deberíamos decir? *Podríamos* decir: "Parecen seguir una regla que se nos escapa"; pero también "Aquí tropezamos con un fenómeno del comportamiento humano que no entendemos"».[19] Otra cita expresa mejor la idea del límite: las otras tribus son como locos cuya locura se contrapone al entendimiento humano. Es como la muerte que es el límite de la vida: «Si en la vida estamos rodeados por la muerte, así en la salud del entendimiento por la locura».[20] Pero la uniformidad por sí sola no es una condición suficiente de la comprensión del mundo humano porque no puede explicar las desviaciones aprobadas de la regla, estilos, gustos, diferencias individuales, invenciones, preferencias, intereses y deseos. No basta para defender el enfoque wittgensteiniano de los argumentos escépticos. Su aplicabilidad de «seguir la regla» debe asumir lo que Hacker no menciona: la indeterminabilidad en el campo reglamentado por la regla y la sociabilidad aprehendida como restricciones y gratificaciones sociales, entendidas como un tipo de *feedback* social a las hazañas individuales o colectivas.

> Pero entonces no está regulada la aplicación de la palabra; no está regulado el «juego» que jugamos con ella. No está en absoluto delimitado por reglas; pero tampoco hay ninguna regla para, por ejemplo, cuán alto se puede lanzar la pelota en el tenis, o cuán fuerte, y no obstante el tenis es un juego y tiene reglas también.[21]

---

19 Wittgenstein, BGM VI, 45.
20 Wittgenstein, CV, 255.
21 Wittgenstein, IF, 68.

La indeterminabilidad de la regla excluye de una vez por todas la homogeneidad del lenguaje, además de que es responsable de la historicidad mencionada por Hacker; introduce la invención, para, en un momento dado, inadvertidamente, cambiar las reglas constitutivas de un juego de lenguaje y transformarlo en el otro.

La tercera característica es la «concepción historicista del lenguaje y de las formas conceptuales perfectamente dinámica». Este comentario a primera vista parece sospechoso. En los textos de Wittgenstein no encontramos un argumento decisivo que apoye al historicismo. Wittgenstein seguramente no fue historicista en el sentido en el que lo es alguien que cree que las explicaciones históricas pueden acercarnos a la comprensión de ciertos fenómenos sociales, por ejemplo, la religión: «El cristianismo no se basa en una verdad histórica...»;[22] ni tampoco costumbres y creencias siniestras: «lo siniestro, lo profundo, no reside en que la historia de la práctica haya sucedido así, pues quizás no haya sucedido así en absoluto».[23] Con razón, Hacker inmediatamente se corrige: la postura de Wittgenstein es un «historicismo sin historia». Adivinamos que, para Hacker, el historicismo se refiere al carácter social y por lo tanto evolutivo de los juegos de lenguaje y las formas de vida. Así, los conceptos «evolucionan de modos idiosincrásicos en diferentes sociedades, en diferentes tiempos y lugares». Como subrayó Wittgenstein, los «nuevos tipos de lenguaje, nuevos juegos de lenguaje, como podemos decir, nacen y otros envejecen y se olvidan».[24] Podemos estar de acuerdo con Hacker: el historicismo de Wittgenstein versa sobre el desarrollo del mundo social en el tiempo, mas es un historicismo sin historia porque Wittgenstein no nos dice (con la excepción de algunos comentarios críticos acerca de la evolución y supuestas leyes históricas entendidos a là Hegel) cómo se desarrolla la historia humana ni cree que la reconstrucción del pasado pueda hacernos comprender los fenómenos más importantes del mundo humano.

---

[22] Wittgenstein, O, 169.
[23] Wittgenstein, ORDF, 159.
[24] Wittgenstein, IF, 23.

Las otras dos características de la gramática son la autonomía y la arbitrariedad. El uso de estos términos en Hacker se desvía de su uso común, así que tenemos que analizarlos con cautela. Según Hacker, Wittgenstein insiste en la «autonomía de la gramática». En un sentido común y corriente, «autónomo» es sinónimo de «independiente», «soberano», «libre». En este sentido, la autonomía está en el conflicto con el carácter histórico de la gramática. Esta última no es independiente de los cambios temporales, no es pues un mundo de las ideas platónicas, sino el mundo de reglas regulativas del uso. Si la gramática cambia, existe algo que la hace cambiar. Pero por autonomía Hacker entiende más bien la independencia de los criterios de verdad y falsedad y otros términos epistemológicos y normativos. Dichos criterios dependen de nuestra gramática, no al revés. La gramática no es ni correcta ni incorrecta, ni falsa ni verdadera, puesto que sirve como criterio de lo correcto e incorrecto, lo verdadero y lo falso. Como dice Hacker: «Es un pensamiento cardinal de la filosofía posterior de Wittgenstein el que la gramática no le rinde pleitesía a la realidad». De la autonomía de la gramática se sigue que ésta es en algún sentido arbitraria. Sin el anclaje en el mundo, la gramática se parece a una obra del arte. Pero «arbitraria» aquí no significa caprichosa, subjetiva, carente de importancia, discrecional, fácilmente modificable. La arbitrariedad de las reglas de la gramática significa que son reglas constitutivas, no reglas de tipo «medios-fines». Y a continuación leemos: «Ellas determinan los significados de las palabras y no rinden cuenta por los significados de las palabras. A diferencia de las reglas de tipo "medios-fines", no son contingentes respecto a regularidades naturales, como lo son las reglas de cocina, y no tienen cuenta que rendirle a las leyes de la naturaleza». «Arbitrario» en el sentido de Hacker viene del latín *arbitrarius*, la fuente de «árbitro», alguien cuya tarea es juzgar una cierta materia. Un juicio legal arbitrario es una decisión tomada sobre la base de la discrecionalidad del juez, no de la ley. La gramática es el juez último, el cual no puede ser juzgado por ninguna ley. Pero a pesar de todo es un juez, no un Dios inmutable e incorruptible.

Ahora bien, en este lugar se nos impone una pregunta clave: ¿acaso es posible un cambio de lenguaje? Esta pregunta es incómoda, porque es ambigua y carece del contexto. Esta ambigüedad y falta del contexto resulta una consecuencia de una presentación burda del análisis del lenguaje que Hacker atribuye a Wittgenstein. Los conceptos que forman un *corpus* wittgensteiniano están emparentados, más no son idénticos. Pero Hacker responde sin titubeos:

> ¿Significa esta «arbitrariedad» que podemos cambiar nuestra gramática? ¿Que podemos decidir que de aquí en adelante el rojo debería ser más claro que el rosa? Sí y no. No; tal como usamos las palabras «rojo», «rosa» y «ser más claro que» es un sinsentido (no falso) decir que el rojo es más claro que el rosa. La proposición de que lo rojo es más claro que lo rosa no es ni una verdad o falsedad empírica ni la expresión de una regla gramatical para el uso de esas palabras. Sí; si podemos cambiar las reglas para el uso de nuestras palabras. Pero si cambiáramos así nuestra gramática, estaríamos cambiando los significados de los términos «rojo», «rosa» y «más claro que». Eso es lo que se quiere decir al decir que las proposiciones gramaticales son *reglas constitutivas* para el uso de sus palabras componentes.[25]

Esta cita oscurece más que aclara. «Sí; sí podemos cambiar las reglas para el uso de nuestras palabras.» La segunda frase que le sigue es trivial y tautológica: «Pero si cambiáramos así nuestra gramática, estaríamos cambiando los significados de los términos "rojo", "rosa" y "más claro que"». Pero ¿qué es realmente lo que cambia cuando cambia la gramática? ¿Juegos de lenguaje, formas de vida, flujo de vida, prácticas, proposiciones empíricas? En *Sobre la certeza*, Wittgenstein intentó encontrar el puente entre la forma de vida y la gramática: «Ahora bien, me gustaría considerar tal seguridad no como algo parecido a la precipitación (*Vorschnellheit*) o a la superficialidad (*Oberflächlichkeit*), sino como (una) forma de vida. (Esto está muy mal expresado y, posiblemente,

---

25 Hacker, 2010, 26.

también mal pensado)».[26] ¿Por qué Wittgenstein autocríticamente cree que lo que expresó y pensó está «mal expresado» y mal «pensado»?

Creo que Wittgenstein nos quiere advertir de esta manera de dos posibles errores: en primer lugar, el de identificar, intencional o extensionalmente, la gramática con nuestras «forma(s) de vida» o con los juegos de lenguaje. La metáfora de Hacker de «redes y peces» indica que el lenguaje no consta de un agregado de peces y de redes, sino de un todo formado por las redes y los peces que las llenan. Pero por más sugerente que parezca esta metáfora, ésta no es suficiente para dar cuenta de las relaciones entre todos los elementos del lenguaje.

A primera vista parece que el objeto de interés de Hacker es la gramática identificada con los «conceptos y las redes de conceptos». Hacker los utiliza hasta cuarenta y tres veces. La palabra «gramática» la menciona catorce veces. Otros elementos del lenguaje vagan por el texto como huérfanos: la expresión «juegos de lenguaje» está utilizada cuatro veces; «formas de vida», una sola vez; «acto de habla», también. Estos elementos de lenguaje difícilmente pueden identificarse unos con los otros. La historicidad, la autonomía y la arbitrariedad, por ejemplo, pueden predicarse en grados y sentidos muy diferentes de los juegos de lenguaje, los conceptos, las reglas sustitutivas (gramática-mitología), las formas de vida concretas. La cita de *Sobre la certeza* aparentemente apoya la metáfora de redes y peces: «Podríamos imaginar que algunas proposiciones, que tienen la forma de proposiciones empíricas, se solidifican y funcionan como un canal para las proposiciones empíricas que no están solidificadas y fluyen».[27] Tenemos aquí una nueva imagen del lenguaje que no se ajusta plenamente a la imagen invocada en las *Investigaciones filosóficas* («Esto está muy mal expresado y, posiblemente, también mal pensado.») Pero, en Witttgenstein, esta relación «cambia con el tiempo», de modo que «las proposiciones que fluyen se solidifican y las sólidas, se

---

26 Wittgenstein, SC, 357.
27 Wittgenstein, SC, 96.

fluidifican». La imagen que nos pinta ingeniosamente Wittgenstein debe orientar los ejemplos reales o inventados que, al mismo tiempo, validarán e ilustrarán la imagen. Sin estos ejemplos, anclados en el flujo de vida, el esquema de Hacker permanece vacío, mientras que el flujo de vida sin los conceptos wittgensteinianos se vuelve ciego. La frase de Wittgenstein: «Las palabras tienen su significado en el flujo de vida» no es un *cliché*; nos muestra un camino, un nuevo método de filosofar, un eterno ir y venir desde los conceptos hasta el mundo y desde el mundo hasta los conceptos. La gramática es un fenómeno histórico. Pero la otra posibilidad queda también abierta: la «historicidad» es un concepto que pertenece a nuestra gramática. Entre la historia y la gramática se establece de esta manera una relación dinámico-dialéctica. La manera de usarla depende de nuestros intereses y del contexto de nuestro análisis. Pero éstos son elementos totalmente ignorados por Hacker.

El autor nos proporciona un ejemplo de proposición gramatical: «La proposición de que el rojo es más oscuro que el rosa es una proposición gramatical; es una regla para el uso de las palabras de colores "rojo" y "rosa" y para el término relacional "más oscuro que"». Lo que hace falta para entender bien el ejemplo de Hacker, no es proceder con un análisis conceptual, sino familiarizarnos con el *Kontextprinzip*, el principio de contextualización. Este principio estaba presente en todo el pensamiento wittgensteiniano evolucionando desde la primera formulación en Frege (las palabras tienen significado dentro de la oración), a través de la segunda en el *Tractatus* (las palabras tienen significado dentro de la forma lógica),[28] hasta la última de Wittgenstein (las palabras tienen significado en el flujo de vida). Podemos imaginar situaciones reales en el flujo de la vida en las que lo que normalmente pasa por una proposición gramatical resultará una hipótesis empírica, como por ejemplo cuando alguien sufre de amnesia y tiene que preguntarse una y otra vez por los nombres de colores: ¿Es este color rojo? ¿Es este color

---

[28] Wittgenstein, TLP, 3.3.

más oscuro que el rosa? O en una clase de castellano en una escuela polaca, cuando un alumno tiene que elegir una traducción correcta de la frase: *Kolor czerwony jest ciemniejszy niz ró owy*, y sus dos opciones son «rojo es más oscuro que rosa» o «rosa es más oscuro que rojo», etc.

La presentación descontextualizada de Hacker provoca más preguntas incómodas. En primer lugar, la «historicidad» tiene sentido muy diferente en el caso de la gramática y las proposiciones empíricas. La «historicidad» en el caso de la gramática (¿o de las gramáticas?, ¿cuáles?), en oposición a las proposiciones empíricas, se parece más bien al tiempo geológico que al tiempo-calendario. Podemos preguntar en qué año Cortés conquistó Tenochtitlán, pero no tiene sentido preguntar en qué año se formaron los Andes. En segundo lugar, ¿cómo distinguir entre las reglas constitutivas de la gramática y las reglas no-constitutivas o las proposiciones empíricas? Esta pregunta parece tramposa. Sin conocer un caso en cuestión, sería difícil saberlo. En el famoso *Discurso de las armas y las letras*, don Quijote declara que la «diabólica invención de la artillería [...] dio causa que un infame y cobarde brazo quite la vida a un valeroso caballero». ¿Es la opinión de don Quijote la expresión de su punto de vista individual inspirado en Erasmo de Rotterdam o la reminiscencia de una gramática del juego de la guerra practicada en los tiempos medievales?[29] ¿Qué hemos de saber sobre el caso para responder esta pregunta? En cuarto lugar, ¿qué significa en la práctica el que ciertas reglas constitutivas sean «autónomas y arbitrarias»? D. Z. Phillips mostró que, sin conocer la forma de vida ni los cambios en el seno de ésta, no podemos sacar ninguna conclusión acerca de ciertas proposiciones gramaticales o de los juegos de lenguaje. Él observó que ni las prácticas religiosas ni el amor podrían existir en el *Brave New World* descrito por Huxley. ¿Por qué no? En *Brave New World* se vuelve carente de sentido la noción de responsabilidad. En tal sociedad, uno puede notar inmediatamente

---

[29] Cervantes, 2004, 397.

cómo la noción de Dios visto como el juez supremo también carecería de sentido.[30]

Kierkegaard dijo que era mejor perderse *en la* pasión que perder *la* pasión. Con Wittgenstein podríamos añadir: es mejor perderse *en el* contexto que perder *el* contexto. El lenguaje consta de elementos heterogéneos y no se deja describir de manera unívoca ni esquemática. Las preguntas incómodas se responden situándolas en el contexto o no se las responde jamás.

4. EL ENFOQUE ETNOLÓGICO: EL ARGUMENTO DE OTRAS TRIBUS

Supongamos por el momento que la descripción simplista del lenguaje que ofrece Hacker nos satisface. Lo único que nos interesa ahora es la gramática en uno de los sentidos que le da Hacker, a saber, las redes de conceptos. «Así usados, los signos determinan el modo cómo ellos conciben las cosas, determinan el espacio lógico dentro del cual se mueve su pensamiento, y son una parte integral de su forma de vida.» Las reglas de uso constituyen las reglas del sentido para los juegos de lenguaje. Las reglas del sentido son como redes y las proposiciones empíricas son como peces. Hacker piensa que las características de la gramática mencionadas arriba quedan ilustradas de mejor manera por el «enfoque etnológico» invocado en la cita inicial clave del diario de Wittgenstein.

> Que los seres humanos usan el lenguaje, toman parte en juegos de lenguaje, realizan actos de habla en el contexto de sus actividades; estos son hechos antropológicos acerca de la historia natural del hombre. Lo que garantiza el uso de los epítetos «enfoque etnológico» y «enfoque antropológico» al describir la filosofía posterior de Wittgenstein es la perspectiva desde la cual él contempla los asuntos conceptuales.[31]

---

[30] Phillips, 1986, 17.
[31] Hacker, 2010, 19.

La dificultad que enfrentaremos está quizás anunciada ya en el uso que le da Hacker a «etnología» y «antropología». Las trata, pues, sinónimamente, refiriéndose a hechos tales como el uso del lenguaje y el habla, siguiendo a Wittgenstein, de la «historia natural del hombre». Empero, en otro lugar Hacker menciona algunos ejemplos wittgensteinianos que podríamos hipotéticamente llamar el argumento de las «otras tribus». Este argumento nos invita a imaginarnos otras tribus, pueblos, formas de vida, etc. imaginarias para mostrar que «uno puede *inventar* diferentes formas de contar, de calcular distancias, velocidades, pesos, longitudes, alturas y volúmenes». Wittgenstein menciona ejemplos de unos seres extraños que continúan la serie +2 después de 1000 de la siguiente manera: 1004, 1008, etc.;[32] de otros que compran y venden madera de acuerdo al área que cubren los montones de diferentes y discrecionales alturas y no a sus volúmenes,[33] o de aquellos que juegan al ajedrez de otra manera que nosotros, a saber, «con preferencia de dar gritos y patadas con los pies».[34]

El propósito de este argumento es mostrar que «esta forma de ver las cosas *ayudará* a que nos desprendamos de un conglomerado omnipresente de ilusiones que la filosofía ha venido arrastrando desde sus inicios. Se trata de las ilusiones de la metafísica concebida como una descripción del sempiterno y rígido armazón del mundo». En otras palabras, el argumento de otras tribus que poseen una gramática diferente sirve para combatir el prejuicio metafísico acerca de la existencia de verdades necesarias, para mostrar que esas «verdades no son físicas, sino metafísicas». Como bien dice Hacker, «Es a esta concepción de hechos metafísicos a la que Wittgenstein hace la guerra».[35] Las proposiciones gramaticales que se levantan sobre las redes de conceptos no describen el mundo, puesto que la descripción del mundo se basa en ellas. Si la gramática fuera diferente, la descripción del mundo

---

[32] Wittgenstein, IF, 185.
[33] Wittgenstein, OFM I, 149-151.
[34] Wittgenstein, IF, 200.
[35] Hacker, 2010, 26.

también sería diferente. El «enfoque etnológico» o el «argumento de las otras tribus» permite alcanzar un sano grado de distanciamiento que permite dirigir nuestra investigación a las «*posibilidades* de los fenómenos».[36]

El planteamiento de Hacker es una interpretación verosímil del «enfoque etnológico wittgensteininano» para algunos casos. Pero peca de algunas dificultades. En primer lugar, parece inconsistente. En segundo lugar no agota otras posibilidades del uso del argumento de las «otras tribus» y, por lo tanto, no explica bien el «enfoque etnológico». Empecemos con algunas inconsistencias o puntos oscuros en el planteamiento de Hacker.

Observemos que Hacker, por una parte, cita hechos antropológicos que muestran las características comunes a la especie humana («historia natural del hombre»), pero por la otra cita otras maneras de vivir, otros conceptos, asumiendo que estas diferencias (inventadas e hipotéticas) nos «ayudarán» a entender cuán arbitraria es la gramática. De esta manera, Hacker mezcla lo que en Wittgenstein permanecía separado. ¿Cuál es su propósito con esta maniobra? Esta cuestión, dicho sea de paso, dio origen a un dilema en la interpretación de la noción wittgensteiniana de «forma de vida». Mientras que Malcolm y Haller defendían la pluralidad de las formas de vida,[37] Garver sostenía que la forma de vida es una y corresponde a la historia natural del hombre.[38]

Pero mientras que aquella discusión se disolvió en argumentos semánticos, la respuesta de Hacker es mucho más prometedora, pues invoca los fundamentos de la «antropología» wittgensteiniana, o sea, la imagen del hombre como un ser que construye una nueva conducta lingüística que sustituye las reacciones primitivas: «Las palabras se conectan con la expresión primitiva, natural, de la sensación y se ponen en su lugar. Un niño se ha lastimado y grita; luego los adultos le hablan y le enseñan exclamaciones y más tarde oraciones. Ellos le enseñan al niño una nueva conducta de

---

[36] Wittgenstein, IF, 90.
[37] Malcolm, 1995; Haller, 1988.
[38] Garver, 1999.

dolor».[39] Hacker persigue esta idea: la naturaleza humana común se funda en las «cualidades perceptuales» compartidas y en una «conducta volitiva natural».

> Los poderes discriminatorios humanos están presupuestos en la posibilidad de conceptos compartidos de cualidades perceptuales que de manera estándar son explicados, y en ocasiones aplicados, por referencia a ejemplares perceptibles. [...] A menos que podamos ver y discriminar ejemplares de colores del mismo modo no tendremos una gramática común del color. El ciego y el ciego al color no pueden dominar el uso de nuestra gramática del color precisamente porque no pueden usar nuestros ejemplares de colores, y no pueden usarlos porque no pueden verlos o porque no pueden distinguirlos como nosotros lo hacemos. Ellos no pueden *hacer* algo que nosotros sí podemos hacer.[40]

La pregunta que un antropólogo podría hacerle a Hacker (y también a Wittgenstein) versa sobre la siguiente cuestión: ¿cómo es posible que las «nuevas conductas» sean tan variadas, si están fundadas en las reacciones primitivas humanas compartidas? En otras palabras: ¿cómo es posible que la uniformidad (reacciones primitivas/historia natural del hombre) produzca diversidad cultural? ¿Acaso los indígenas que presentan otras gramáticas del color, diferentes de la occidental, son «ciegos a colores»? Lamentablemente, Hacker evita la respuesta a esta pregunta contentándose con una pseudo-explicación: los juegos de lenguaje «evolucionan de modos idiosincrásicos en diferentes sociedades en diferentes tiempos y lugares».

Para responderla más seriamente, debemos dirigirnos a un texto de Wittgenstein, etnológico por excelencia: *Bemerkungen über Frazers «Golden Bough»* (*Observaciones a* La rama dorada *de Frazer*). Lo que es interesante en el texto de Hacker es que él ignora este texto por completo, como si lo que Wittgenstein dice respecto a la etnología en dichas *Observaciones* no tuviera nada

---

[39] Wittgenstein, IF, 244.
[40] Hacker, 2010, 31.

que ver con su «enfoque etnológico». Pero este texto, escrito probablemente entre 1931 (la primera parte) y después de 1936 (la segunda parte), es de suma importancia para corregir y completar la noción de «enfoque etnológico» en Wittgenstein.

Empecemos con el ataque contra Frazer. Frazer, como es sabido, llamó a la magia «falsa física» y presupuso que todas las creencias mágico-religiosas se basaban en errores que cometían los «salvajes» al asociar fenómenos que en realidad no estaban asociados; por ejemplo, la petición de la lluvia y la lluvia. «La representación que hace Frazer de los puntos de vista mágicos y religiosos de los hombres es insatisfactoria: hace que estos puntos de vista aparezcan como *erróneos.*»[41] Wittgenstein nos ofrece dos argumentos poderosos en contra de esta tesis: el primero apunta a la incoherencia interna en el pensamiento de Frazer. Si los salvajes cometieran errores en la magia, cometerían los mismos errores en otras esferas de la vida. Y, sin embargo, los «salvajes» resultan ser tan buenos ingenieros, constructores y arquitectos como los occidentales. «El mismo salvaje que, aparentemente, para matar a su enemigo atraviesa su imagen, construye realmente su choza con madera y afila diestramente su flecha y no en efigie»,[42] lo cual quiere decir que el «salvaje» distingue como diferentes dos contextos: el cotidiano y el ritual o ceremonial, y actúa diferentemente en cada uno de ellos en función de los mismos. Este argumento es empírico y muestra que lo que Frazer presuponía era falso. El segundo argumento es mucho más sofisticado y abrumador a la vez: «¿Estaba Agustín en el error cuando invocaba a Dios en cada página de las *Confesiones*? Pero, puede decirse, si él no estaba en el error, seguramente lo estaba el santo budista o cualquier otro cuya religión dé expresión a puntos de vista completamente distintos. Pero *ninguno* de ellos estaba en el error, excepto allí donde pergeño una teoría».[43] Lo que hacía Agustín era jugar un juego de lenguaje religioso y éste es distinto a formular una teoría y con-

41 Wittgenstein, ORDF, 144.
42 Wittgenstein, ORDF, 147.
43 Wittgenstein, ORDF, 144.

trastarla con la realidad. Él invocaba a Dios, no formulaba una teoría sobre Dios. Invocar a Dios es expresar una experiencia religiosa, un sentimiento religioso.

«Creer en algo» es hacer lo mismo que «invocar algo» en una forma más sofisticada. Las creencias religiosas no describen nada, expresan más bien las experiencias o sentimientos religiosos. Wittgenstein ofrece varios ejemplos de actos rituales. El primer ejemplo versa sobre el ritual de quemar o besar la efigie del amado: «Quemar una efigie. Besar la imagen de quien se ama. *Naturalmente*, esto no se basa en la creencia en un efecto determinado sobre el objeto que la imagen representa».[44] El segundo ejemplo versa sobre el bautismo y la adopción proveniente de Bulgaria: «El bautismo como ablución. El error surge cuando la magia se interpreta científicamente. Si la adopción de un niño se produce de tal manera que la madre lo saca de entre su vestido, es una locura creer que aquí hay un error, y que ella cree que ha dado a luz un niño».[45] El tercer ejemplo se refiere al acto emotivo de desquitarse: «Si estoy furioso por algo, a veces golpeo con mi bastón la tierra, un árbol, etc. Pero ciertamente no creo que la tierra sea culpable o que el golpear pueda servir de algo. "Desahogo mi cólera"».[46]

> Tales acciones pueden denominarse acciones instintivas (*Instinkt-Handlugen*). Y una explicación histórica que dijera, pongamos por caso, que, anteriormente, yo o mis antepasados creíamos que golpear la tierra servía de algo sería algo fantasmagórico, pues se trata de suposiciones superfluas que *no* explican *nada*. Lo importante es la semejanza del acto con un acto de castigo, pero no hay nada más que constatar aparte de esa semejanza.[47]

El cuarto ejemplo, además del carácter emotivo de los actos rituales, muestra también la diversidad local de la misma experiencia o el mismo sentimiento de piedad:

---

[44] Wittgenstein, ORDF, 147.
[45] Wittgenstein, ORDF, 147.
[46] Wittgenstein, ORDF, 154.
[47] Wittgenstein, ORDF, 154.

Piénsese que, tras la muerte de Schubert, su hermano rompió sus partituras en pequeños trozos y dio tales trozos, que constaban de unos pocos compases, a sus discípulos más queridos. Este acto, como signo de piedad, nos es tan comprensible como el contrario: procurar que no se tocaran las partituras y no fueran accesibles a nadie. Y si el hermano de Schubert hubiera quemado las partituras, esto también sería comprensible como signo de piedad.[48]

Los ejemplos de Wittgenstein son ingeniosos, además de que su análisis puede disipar varias confusiones relacionadas con su antropología de la religión. Observemos que los primeros tres ejemplos muestran actos emotivos que expresan diferentes estados anímicos (amor, deseo de apropiación, cólera). El segundo de estos tres ejemplos se parece más a un ritual que los otros dos. Lo que los une es, sin embargo, más importante que lo que los separa: «Un símbolo religioso no se fundamenta en ninguna *opinión*. Y sólo a la opinión le corresponde el error».[49] El cuarto ejemplo no sólo muestra que un ritual expresa un deseo, sino que además apunta a que uno y el mismo deseo puede expresarse de diferentes maneras, localmente determinadas. Aquí nos tropezamos con un problema: ¿cómo sabemos que estos actos rituales expresarían el mismo sentimiento de piedad?

La respuesta que ofrece Wittgenstein recurre a un «espíritu común» y guarda cierta semejanza con la naturaleza humana de David Hume. «Los principios en base a los que razonan los hombres en la moral son siempre los mismos, aunque las conclusiones que obtienen a menudo sean muy diferentes.»[50] En este punto regresemos a Wittgenstein. «Esto es: el principio de acuerdo con el cual se ordenan esas prácticas es mucho más general de lo que Frazer explica, y está presente de tal modo en nuestras almas que nosotros mismos podríamos imaginarnos todas las posibilidades.»[51] Por analogía, el espíritu común de todos los juegos in-

---

[48] Wittgenstein, ORDF, 148.
[49] Wittgenstein, ORDF, 146.
[50] Hume, 1991, 214.
[51] Wittgenstein, ORDF, 148.

ventados por diferentes sociedades es representado por la figura *Homo ludens*. Pero ¿cómo explicar un sinnúmero de juegos inventados en el seno de diversas sociedades? En un solo cuadro de Pieter Bruegel intitulado *Juegos infantiles* se presentan 84 juegos. «Lo que me parece que es más sorprendente, aparte de las semejanzas, es la diversidad de todos estos ritos. Es una multiplicidad de rostros con rasgos comunes la que emerge continuamente de un lado y de otro. Y lo que a uno le gustaría hacer sería trazar líneas que unan las partes comunes.»[52] Esta cita sugiere que el espíritu humano común puede entenderse de dos maneras: 1) como rasgos comunes (por ejemplo experiencias y actividades humanas compartidas), o 2) como una representación perspicua de los datos (por ejemplo, trazar líneas que unen las partes consideradas comunes).

5. ¿ES LA FILOSOFÍA PARTE DE LA ETNOLOGÍA?

Intentemos en este momento reconstruir brevemente el enfoque etnológico wittgensteiniano. Éste consta de tres aspectos y no de uno, como piensa Hacker. En primer lugar, el argumento de las «otras tribus» nos invita a pensar «un fenómeno del comportamiento humano que no entendemos». Sobre alguien que no siguiera regla alguna no podríamos decir que ejerce un «comportamiento humano» o que pertenece a una tribu, puesto que la vida en cualquier tribu asume una vida social reglamentada; la «otra tribu» representa aquí lo que no entendemos. «Si la expresión "El otro mundo" significa algo, significa lo que no podremos deducir.»[53] Más bien se limita a una mera construcción formal que nos mostraría el límite de nuestra inteligibilidad. Más allá de esta frontera se encuentra la locura («Si en la vida estamos rodeados por la muerte, así en la salud del entendimiento por la locura»).[54]

---

[52] Wittgenstein, ORDF, 156.
[53] Enzensberger, 1978, 18.
[54] Carolina Scotto, en su artículo «Formas de vida extrañas», relaciona el sinsentido con una forma de locura. Scotto afirma: «La conclusión natural, en un mundo así trastornado, es que nuestros conceptos no nos permitirían ya pen-

La segunda etapa del argumento de «otras tribus» corresponde al «enfoque etnológico» descrito correctamente por Hacker. El argumento en esta fase propone considerar *nuestras* redes de conceptos más *objetivamente*. Como observa Soto siguiendo a Mays, la invención de otras tribus o de formas de vidas animales es parte del «método de la *antropología especulativa*» que nos muestra que las reglas que seguimos podrían ser muy distintas o que podríamos seguir la misma regla de maneras diferentes.[55] Imaginar otras tribus que siguen gramáticas diferentes, participan de juegos de lenguaje excéntricos, representan unas formas de vida extrañas nos muestran *nuestra* gramática, *nuestros* juegos de lenguaje, *nuestra* forma de vida. Resulta ser una *inversión en negativo* de lo que constituye *nuestra* imagen del mundo que se pretende conocer. Es como si tuviéramos que abandonar temporalmente la tierra que habitamos para conocerla mejor, por ejemplo, para darnos cuenta de que es una isla entre otras islas y no un continente firme.

La tercera etapa del «enfoque etnológico» consiste en describir desde una *antropología realista* otras gramáticas, otros juegos de lenguaje, otras formas de vida. El punto arquimedeo para reconocer, describir y analizar las diferencias reside en «un espíritu humano común» o en las experiencias humanas compartidas. La importancia de la objetividad también varía en estos tres casos. Mientras que en el caso de la antropología especulativa se trata de ver las cosas más *objetivamente*, en caso de la antropología realista que estudia las prácticas exóticas *existentes* se trata de combinar la objetividad de la descripción con la subjetividad de las proyecciones de las experiencias humanas del etnógrafo hacia el material reunido. El punto de vista del «espíritu humano» no sólo no necesita distorsionar la descripción externa, sino que vuelve posible la comprensión de las prácticas ajenas. A la parte descriptiva (objetiva) faltaría todavía una parte de la reflexión: «la que

---

sar y, por lo tanto, cualquiera [...] exclamaría algo como esto: "me he vuelto loco..."». Scotto, 2009, 230.

[55] Scotto, 2009, 223.

pone en conexión esta figura con nuestros sentimientos y pensamientos. Esta parte da a la reflexión su profundidad».[56]

Pasemos ahora a la última cuestión suscitada por Hacker: ¿es la filosofía parte de la etnología? La respuesta de Hacker es decisiva: «El punto de vista etnológico de Wittgenstein no es un compromiso con la construcción de la filosofía como una rama de la antropología». Para apoyar su punto de vista Hacker ofrece dos argumentos poderosos, uno relacionado con el otro. El primero refiere a dos diferentes tareas de antropología y filosofía respectivamente:

> Pero la tarea *filosófica* es desenredar los nudos que hemos hecho en la red. Para ese propósito, tenemos que describir la red y su entretejido, y ésa no es una tarea etnológica. Es una tarea lógico-gramatical, en la que las reglas familiares de los usos de las expresiones tienen que ser cuidadosamente seleccionadas y adecuadamente organizadas para exhibir las fuentes de confusión y de incomprensión. Para ello requerimos de un punto de vista, por así decirlo, «interno», no de uno etnológico o antropológico.[57]

El segundo argumento que ofrece Hacker propone que la antropología y la filosofía presenten dos disciplinas distintas: una descriptiva y la otra normativa.

> Aunque las matemáticas sean un fenómeno antropológico, las proposiciones de las matemáticas no son proposiciones antropológicas que digan cómo calculan e infieren los hombres (RFM, 192); son expresiones de reglas, no enunciados de que existen ciertas reglas. Aunque es un fenómeno antropológico el que los seres humanos tengan visión cromática y un hecho etnológico el que construyan gramáticas diferentes del color y que describan los *visibilia* en términos de sus colores, las proposiciones de la gramática del color, como «el rojo es más oscuro que el rosa», «el rojo es más como el anaranjado que como el amarillo», «nada puede ser blanco y transparente»,

---

56 Wittgenstein, ORDF, 156.
57 Hacker, 2010, 37.

no son proposiciones antropológicas. Son normas de representación.[58]

Ambos argumentos no son irrefutables. Veamos por qué.

El primero asume que la tarea de la filosofía es describir la red que hemos tejido y desenredar los nudos que se han hecho en la red. Al mismo tiempo, Hacker sugiere que esta tarea es «interna», o sea, filosófica, no externa, es decir, antropológica. Pero ¿por qué esto debe ser la verdad? ¿De qué depende esta verdad? ¿Cómo se decide cuál es la tarea de la filosofía y cuál de la antropología?

Tanto las tareas de la filosofía como las de la antropología (o etnología) cambian con el tiempo, se someten a modas y paradigmas. No cabe duda de que en la época en que Wittgenstein mostraba un profundo interés por la etnología, a saber entre 1931 y 1948, ésta era considerada como una ciencia sobre «otras tribus». Mientras que la filosofía investigaba conceptos, la etnología se ocupaba de hechos. En cuanto a la primera, investigaba *nuestros* conceptos; la segunda estudiaba los hechos *más allá* del mundo occidental. En la última parte de las *Investigaciones filosóficas* escribe Wittgenstein su irónico comentario sobre la psicología: «En efecto, en psicología existen métodos experimentales y *confusión conceptual*».[59] La filosofía es la disciplina que, según Wittgenstein, nos libera de las confusiones conceptuales, mientras que el método empírico es esencial a la psicología o a cualquier otra ciencia incluyendo la etnología. En este sentido, la filosofía no es etnología. Es natural que Wittgenstein expresara esta opinión en 1940. Lo que nos sorprende es que Hacker expresa la misma opinión en 2009.

El primer error de Hacker es tratar «etnología» y «antropología» como sinónimos. No hay buenas razones para postular esta sinonimia. La palabra «etnología» ha sido utilizada en Francia más o menos como la palabra «etnografía», a saber, para denomi-

58 Hacker, 2010, 37.
59 Wittgenstein, IF, 525.

nar el estudio de las sociedades de antaño llamadas «primitivas», las poblaciones de los imperios coloniales de Occidente. Al mismo tiempo, la palabra «antropología» estaba reservada al estudio de los caracteres somáticos del hombre, lo que actualmente se llama «antropología física y biológica». Después de la II Guerra Mundial, C. Levi-Strauss introdujo en Francia un uso de la palabra «antropología» que desde el siglo XIX prevalecía en los países anglosajones: etnografía, etnología y antropología son fases de la misma disciplina y corresponden a diferentes etapas de la investigación. A la etnografía corresponde la elaboración de datos; a la etnológica, la síntesis y análisis de datos, mientras que a la antropología, la comparación, la generalización y la formalización teórica que pone los resultados de la investigación etnológica al servicio de «un conocimiento general del hombre».[60] Pero las tradiciones en diferentes países complican este cuadro. En Gran Bretaña, la antropología fue una ciencia de teoría universal y aplicación particular, apoyando el colonialismo británico. Los antropólogos británicos trabajaban fuera de Gran Bretaña. En contraste, durante el resurgimiento del nacionalismo en el siglo XIX, en otros países europeos se desarrolló una aguda distinción entre *Volkskunde*, el estudio de la población rural interna y su folklore, y *Völkerkunde*, el cuestionamiento sobre «otros» más distantes.[61]

Aunque en Estados Unidos la antropología se divide tradicionalmente en cuatro disciplinas, a saber, la biológica, la arqueología, la lingüística y la cultural, a finales del siglo XX se institucionalizó una especie de antropología «de casa», la cual abarca por ejemplo la antropología de los hospitales, de los museos, de las prisiones y de otras instituciones. El objeto de estas críticas también se vuelve el lenguaje que da sentido a estas instituciones y prácticas. Se hace un esfuerzo para estudiar etnográficamente «fuera de casa», para «enfrentar las cuestiones culturales de casa» por medio de dos técnicas llamadas «des-familiarización por la crítica epistemológica» y «des-familiarización por la yuxtaposi-

---

60 Bonte e Izard, 1996, 7.
61 Archetti, 2008, 147.

ción de culturas».[62] Esta aclaración histórica nos debe convencer de que la tarea de la antropología cambió. La crisálida de la etnología fue abandonada por la mariposa de la antropología social. Esta última no sólo investiga a otras tribus sino también a nuestras tribus, incluyendo nuestra gramática, nuestros juegos de lenguaje, nuestras formas de vida. La técnica de des-familiarización se asemeja al argumento wittgensteiniano de las «otras tribus», con la excepción de que los antropólogos contemporáneos hacen su trabajo en el *campo*. No inventan otras tribus ni sacan noticias sobre ellas de los textos de los conquistadores, misioneros o viajeros. ¿Significa eso que estamos diciendo que la filosofía es etnología? No. Pero sí significa que sus universos se traslapan. Ningún estudio etnológico puede prescindir de un análisis conceptual de los conceptos ajenos y de los propios, de los nuestros. Tampoco la filosofía entendida como análisis conceptual debe evitar anclar sus ejemplos en el flujo de la vida, captado por diferentes ciencias empíricas, literatura, artes plásticas y música.

El segundo argumento está estrictamente relacionado con el primero. Si trazamos la tarea de la antropología de otra manera a como lo hizo Wittgenstein y como lo hace Hacker, resultará que cambia el estatus de la primera. «Aunque las matemáticas sean un fenómeno antropológico, las proposiciones de las matemáticas no son proposiciones antropológicas que dicen cómo calculan e infieren los hombres; son expresiones de reglas, no enunciados de que existen ciertas reglas.» Un presupuesto que subyace en este punto de vista es que la filosofía es una disciplina normativa, mientras que la antropología pregona su carácter descriptivo. Pero ¿por qué debemos aceptar este presupuesto positivista? ¿Carece la antropología de contenido normativo? El prejuicio positivista, originado en la idea de A. Comte de que la ciencias sociales deben portarse como una «física social», asume que el papel de la antropología es describir, analizar, descubrir leyes sociales y predecir el futuro para obrar y cambiar el estado de cosas. El proyecto normativo para la sociedad no fue considerado como parte de

---

[62] Marcus y Fischer, 1999, 137.

la antropología, sino como ideología, política o ingeniería social. Julius Robert Oppenheimer era físico y el director del «Proyecto Manhattan», cuyo equipo desarrolló la primera arma nuclear. Oppenhaimer no dejó de ser físico al producirse la bomba y ser lanzada sobre Hiroshima.

Tomemos ahora el ejemplo de un médico. Hipócrates, Axel Munthe y Albert Schweitzer eran médicos. ¿Pero *era* un médico Josef Mengele y otros «doctores nazis» que experimentaban con los prisioneros en los campos de concentración? El físico cuyos descubrimientos se utilizan para los fines de exterminio sigue siendo físico. ¿Sigue siendo médico quien ejerce experimentos que implican tortura y muerte de sus «pacientes»? Y ¿qué diremos del antropólogo? ¿Se parece al físico o al médico? Regresemos en este momento a la antropología crítica. Las técnicas de des-familiarización mencionadas arriba, que tanto se parecen al argumento de las «otras tribus» de Wittgenstein, asumen un punto de vista crítico y, por lo tanto, normativo. Como anuncian Marcus y Fischer, «los antropólogos que trabajan "en casa" practican como su objetivo "la crítica de la ideología o la desmistificación de las maneras de pensar" en el campo de la acción social y vida de las instituciones».[63] Las proposiciones matemáticas vistas como un fenómeno antropológico se dejan describir. Pero las proposiciones matemáticas vistas como expresiones de reglas poseen fuerza normativa, dirigen nuestra acción, nos orientan. Esto es posible porque la expresión «seguir la regla» posee muchos usos, entre otros uno descriptivo (como hipótesis) y otro normativo. La función de la regla es obligar a actuar de una cierta manera, mostrar el camino. Decir que la antropología crítica no incluye una investigación conceptual ni filosófica es argumentar en contra de lo que ya es un hecho.

---

[63] Marcus y Fischer, 1999, 152-153.

BIBLIOGRAFÍA

ARCHETTI P. E. (2008): «¿Cuántos centros y periferias en antropología? Una visión crítica de Francia», en G. Lins Ribeiro y A. Escobar (eds.), *Antropologías del mundo. Transformaciones disciplinarias dentro de sistemas de poder.* México: CIESAS, pp. 147-170.

BONTE, P. e IZARD, M. (1996): *Diccionario de etnología y antropología.* Madrid: Akal.

ENZENSBERGER, H. M. (1975): *Mausoleum. Siebenunddreissig Balladen aus der Gewchichte des Fortschritts.* Frankfurt: Suhrkamp.

GARVER, N. (1999): «Die Unbestimmtheit der Lebensform», en W. Lütterfelds y A. Roser (eds.), *Der Konflikt der Lebensformen in Wittgenstein Philosophie der Sprache.* Frankfurt: Suhrkamp, pp. 37-52.

HALLER, R. (1988): «¿Form of Life or Forms of Life? A Note on N. Garver's "The Form of Life in Wittgenstein's *Philosophical Investigations*"», en *Questions on Wittgenstein.* Londres: Routledge, pp. 129-136.

HUME, D. (1991): «Un Diálogo», en *Investigación sobre los principios de la moral.* Traducción de G. López Sastre. Madrid: Espasa-Calpe, pp. 202-222.

MALCOM, N. (1995): «Wittgenstein on Language and Rules», en G. H. von Wright (ed.), *Wittgensteinian Themes. Essays, 1978-1989.* Cornell University Press.

MARCUS, G. E. y FISCHER, M. J. (1999): *Anthropology as Cultural Critique. An experimental moment in the human sciences.* Chicago: Univesity of Chicago Press.

PHILLIPS, D. Z. (1986): *Belief, change and forms of life.* Nueva York: Atlantic Highlands.

SCOTTO, C. (2009): «Formas de vida extraña», en S. Rivera y A. Tomasini Bassols (comps.), *Wittgenstein en español.* Buenos Aires: Universidad Nacional de Lanus, pp. 205-236.

WINCH, M. (1994): *Comprender una sociedad primitiva.* Traducción de M. J. Nicolau y G. Llorens. Barcelona: Paidós Ibérica.

WITTGENSTEIN, L. (1958): *The Blue and Brown Books*, BB. Nueva York: Harper & Row.

— (1984): *Vermischte Bemerkungen*, VB. Werkausgabe Band 8. Frankfurt: Suhrkamp, pp. 445-573.

— (1987): *Observaciones sobre los fundamentos de la matemática*, OFM. Traducción de I. Reguera. Madrid: Alianza.

— (1988): *Investigaciones filosóficas*, IF. Barcelona: Crítica.

— (1997): «Observaciones a *La rama dorada* de Frazer», ORDF, en James C. Klagge y A. Nordmann (eds.), *Ocasiones, 1912-1951*. Madrid: Catedra, pp. 144-163.

— (1997): *Sobre la certeza*. Barcelona: Gedisa.

— (1997): *Zettel*. Traducción de O. Castro y C. Ulises Moulines. México: UNAM.

— (2004): *Aforismos.Cultura y Valor*. Traducción de J. Sádaba. Madrid: Espasa Calpe.

HACKER SOBRE WITTGENSTEIN

Javier Sádaba

Universidad Autónoma de Madrid

> De hecho pienso con la pluma, pues a menudo mi
> cabeza no sabe lo que mi mano escribe.
>
> WITTGENSTEIN, 2007, p. 87.

Imposible negar que Wittgenstein es un acicate para hacer pensar y que sus sugerencias han espoleado y espolearán el pensamiento. Es innegable, además, reconocer que nos ofrece instrumentos para ridiculizar buena parte de la filosofía tradicional y los cuentos de hadas de la metafísica. Lo que sucede es que suele despacharse y simplificar lo que escribió después del *Tractatus* citando sentencias tales como que lo que intentaba es vaciar la metafísica para volver al lenguaje cotidiano; o que la filosofía deja todo como está o que, más decisivamente, no hay *un* método en filosofía sino diversas terapias.[1] De esta manera se reduce su actividad filosófica a un montón de ingeniosas metáforas o a una sacudida o manotazo contra la rigidez de la metafísica que ha dominado el filosofar de los últimos siglos. El reto, sin embargo, al que se somete uno cuando estudia lo que se conoce como Wittgenstein II equivale a dar cumplida respuesta a la acusación russelliana, según la cual en esta segunda época la joven promesa que gestó el *Tractatus* estaría diciendo tonterías. La

---

[1] Wittgenstein, IF, 133.

cuestión, entonces, estriba en mostrar que no se trata de tonterías sino, digámoslo así, de genialidades. Y que tales genialidades nos serían útiles a los muchos problemas con los que nos topamos los que pertenecemos a la especie *Homo sapiens sapiens*.

En esa tarea parecería que se empeña P. M. S. Hacker. Hacker pasa por ser, con razón, uno de los exégetas más serios de la obra wittgensteiniana. Lo de exégeta está en su punto. Y es que en el artículo que vamos a comentar brevemente nos ofrece una enésima descripción de cómo ha de entenderse la obra del segundo Wittgenstein. Mi observación quiere tener un tono crítico. Porque no se trata sólo de contarnos, de modo agudo y ajustado a los escritos del filósofo, qué es lo que realmente quiso decir. Se debería tratar también de aplicar esta nueva manera de pensar a problemas concretos y en donde resplandecería la originalidad y la utilidad de las muchas páginas que nos han llegado, como legado, del extraño personaje que es Wittgenstein. Hacker se limita, por el contrario, a una breve contraposición entre aquél y la filosofía de Quine o de Putnam; tema tan interesante desde el punto de vista interno a las disputas académicas como vacío si lo contemplamos desde el punto de vista de unas enseñanzas pegadas a la vida de todos los mortales, que de esto último es de lo que quiso hablar L. Wittgenstein.

Antes de pasar a comentar, críticamente, algunos de los puntos del artículo de Hacker, digamos que su explicación sobre el cambio de Wittgenstein I a II es especialmente claro y convincente; cosa que, por mucho que se haya escrito antes, siempre viene bien. Nos recuerda, por ejemplo, cómo para Wittgenstein lo que importa es que quien se dedique a la actividad filosófica sea habilidoso, como un cirujano que sabe diseccionar, y no un constructor de grandes y ficticios sistemas. O, cuestión más importante, que mientras en el *Tractatus* domina y manda una sola relación entre la mente y la realidad, vinculadas por la forma lógica que ambos comparten, en Wittgenstein II el primado es de la gramática, por lo que podríamos hablar de una relación horizontal, interna, en la que de lo que se trata es de entender, explicar y usar las redes que construimos por medio del lenguaje y que se expresan en los juegos de lenguaje. Frente al esencialismo tractariano, el tejer y destejer de una gramática regida por reglas. En este punto, convendría, dicho de paso, hacer una observación que manifieste la perplejidad con que nos encontramos a la hora de relacionar lenguaje y actividad. El lenguaje es una actividad más y no algo desligado y que funciona por su cuenta. Y las acciones cristalizan en el lenguaje. Hacker insiste una y otra vez en este, en tantas ocasiones repetido, *tenet* wittgensteiniano. Algunos pensamos que esa complicación es oscura, no acaba de ser lo suficientemente perspicua. Y, desde luego, Hacker no nos saca de la duda.

Podríamos continuar enumerando otra serie de comentarios del artículo que estamos viendo, pero vamos a concentrarnos en algunos de los aspectos que nos parecen más decisivos y determinantes en las breves páginas que Hacker nos entrega. Para ello comencemos por la concepción del enfoque antropológico y, sobre todo, etnológico que Hacker destaca del segundo Wittgenstein. Poco diré respecto a la idea antropológica de, por ejemplo, las *Investigaciones filosóficas*, por no hablar de otros escritos que son autocríticos con el *Tractatus*. No es nada nuevo. El mismo Carnap, hace ya varias décadas, escribió que Wittgenstein había pasado de la teología a la antropología. Y esta misma idea la encontramos en autores menores que insisten en cómo de la pureza divina de la lógica se pasa a la ruda realidad de los hombres de carne y hueso, por expresarlo unamunianamente. Más importante es referirnos al enfoque etnológico. En su primera página, Hacker cita a Wittgenstein: «Si usamos el enfoque etnológico, ¿significa esto que estamos diciendo que la filosofía es etnología? No, sólo significa que estamos adoptando nuestra posición *desde muy lejos* por fuera, para ver así las cosas *más objetivamente*». Estamos completamente de acuerdo: Wittgenstein mira las relaciones humanas como un explorador, metáfora que también utiliza en varios lugares, o un antropólogo investigando una sociedad ajena a la suya, otra de las comparaciones queridas de nuestro autor; es decir, sin contemplaciones, anotando lo que hacemos sin colocar sobre nuestras cabezas un nimbo o un aura que nos convierta en ángeles o en dioses. El parágrafo 25 de las *Investigaciones filosóficas* lo pone de manifiesto con claridad: «[...] mandar, preguntar, contar, aplaudir pertenecen, al igual que andar, comer, beber o jugar, a nuestra historia natural [*Naturgesichte*]».[2] Es difícil dejarlo más claro. Nuestra perspectiva, nuestra mirada, han de ser sin prejuicios, teniendo enfrente a un humano que realiza funciones cotidianas, de supervivencia. El antropólogo Levi-Strauss habló de «la mirada lejana» y los neurocientíficos nos recuerdan que el cerebro ha surgido, dentro de una fractal evolución, para comer. Habría, por tanto, que mirar a los seres humanos como miran, permítaseme la licencia, los sociobiólogos a los insectos.

Pero entonces, y en un paso más que, desde luego, no da Hacker, deberíamos hablar de perspectiva o enfoque *etológico*. Dicho de manera más cruda, somos animales y como tales hemos de ser considerados; unos animales que usan el lenguaje como un instrumento o técnica que les sirve para desarrollar un conjunto de actividades. Y, así, el lenguaje aparece como una habilidad; una habilidad de habilidades, que escribirá A. Kenny siguiendo al maestro. A los animales, por cierto, se refiere en varias ocasiones Wittgenstein: el posible hablar de un león, un gato que crece y decrece hasta perturbar nuestra percepción, una figura que vemos como una liebre, etc. En este sentido, la reducción de nuestras capacidades a lo que realmente somos contrasta con ese pseudofilosófico tirar hacia arriba desde nuestras orejas para elevarnos no se sabe bien dónde. La cura de nuestras insensatas pretensiones pasa por saber que nuestra animalidad es el suelo en el que debemos permanecer. Lo cual nos retrotrae a tener en cuenta que somos el producto de una evolución que ha llegado hasta nosotros como podría haber llegado a otro lugar o a ningún sitio. Que seamos conscientes de ello no dice más que eso: que somos conscientes, pero no nos otorga un valor superior para romper con el sustrato fundamental de la animalidad en cuestión. Podríamos, por tanto, afirmar que en Wittgenstein, en vez de trascendencia, se da intrascendencia; es decir, vuelta a nosotros mis-

---

[2] Wittgenstein, IF, §25.

mos. Una insensata arrogancia intelectual habría olvidado lo más sustancial de nuestras vidas. Y de ese olvido surge el conjunto de pseudo-problemas que nos angustian sin cesar. Somos un producto natural y nada más. Pero esto nos lleva a la noción de naturaleza.

Citamos antes el parágrafo 25. En otros de los escritos wittgensteinianos volveríamos a encontrar la idea de que somos naturaleza y cultura. En vez de cultura, él escribirá adiestramiento y habilidades técnicas. Aquí Hacker se detiene para decirnos que en Wittgenstein encontramos un poderoso punto de vista *historicista*; es decir, un historicismo *sin historia*. Todo sería fruto de la interacción social. Y, más concretamente, nuestro filósofo no busca describir los fenómenos históricos que se han dado a lo largo del tiempo sino que, una vez más, nos entrega un esquema general para que entendamos qué es lo que somos y cómo actuamos unos con otros. ¿Qué decir a esto? Antes de nada, que el término «historicista» no es muy feliz. Se ha usado con un significado muy diferente para encuadrar ahí a quienes poseen una visión nomológica de la historia. K. Popper, por ejemplo, llamó a Hesiodo el primer historicista, puesto que intentó, aún con un ropaje mítico, encuadrar la historia dentro de unas leyes semejantes a las que se dan en el reino natural y que estudia, por ejemplo, la física.

Si nos volvemos a lo que nos entrega Wittgenstein, insiste Hacker, como insisten otros muchos, lo que nos ofrece es un esquema general desde donde interpretar nuestra actividad existencial, pero en modo alguno intenta describir historiográficamente los recorridos por los que ha pasado la humanidad. Y, en este sentido, Wittgenstein no se apoyaría en una u otra ciencia. Las ciencias, y se ha convertido en un tópico señalar esto, no le interesaron de manera especial. Lo expuesto necesitaría no pocos matices. En primer lugar, que estamos ante el eterno problema de las relaciones entre la naturaleza y la cultura. Su engarce, sus combinaciones y resultados tal vez permanezcan escondidos a nuestro conocimiento, al menos en sus aspectos decisivos. En cualquier caso, sabemos que somos un compuesto de ambas. Y el acento wittgensteiniano consiste en mostrar hasta qué punto estamos en-

capsulados ahí, hasta qué punto, por así decirlo, estamos ence-
rrados y que sólo con ficciones romperíamos ese cerco. Que lla-
memos «rojo» a un color rojo se basa, nos indica Wittgenstein, en
que poseo un aparato perceptivo como es el de los humanos y, al
mismo tiempo, se me ha enseñado a usar la palabra «rojo». Pero,
si esto es así, es difícil mantener que las ciencias que estudian el
mundo de la naturaleza no desempeñen un papel relevante en ésta, su segunda obra. Al menos, alguna ciencia y, más concretamente, la genética. Luego volveremos sobre ello.

En los escritos wittgensteinianos, las observaciones acerca
de los colores son abundantes. Y *Observaciones sobre los colores* lo pone de manifiesto.[3] No es extraño que sea así. En los
colores parece encontrarse una zona en la que deslindar lo objetivo de lo subjetivo es harto difícil. Permítasenos añadir que
es éste un tema antropológico y bioético de la mayor importancia porque revela la dificultad material de poner límites a la in-
dividualidad. El uso de muestras clínicas sobrantes para la investigación oncológica sería un ejemplo de ello; al igual que
aparentes preguntas triviales como de quién es el pelo que queda, una vez cortado, en la peluquería o si puedo reivindicar mis
uñas después de haberlas cortado. Que exista esa zona oscura
que, paradójicamente, tanto nos puede iluminar respecto a
nuestra compleja constitución no elimina que existan elementos
básicos sin los cuales no habría modo de entender esos colores
que, como escribe Wittgenstein, por mucho que se los expli-
quemos a un ciego de nacimiento, no los comprenderá. Que-
démonos con estos datos: «Las neuronas de la retina se esti-
mulan por los contrastes de luz-sombra que genera la luz al
proyectarse sobre los objetos, animados e inanimados, de nuestro entorno. Las neuronas captan el movimiento y los contrastes de colores, que no son más que las longitudes de onda que
los objetos reflejan. De hecho, los objetos no tienen color en el
mundo real. El color que nosotros vemos, que nuestra retina
detecta, son las longitudes de onda que el objeto no absorbe y,

---

[3] Wittgenstein, 1994, OSC.

por tanto, refleja [...]; todas estas características [...] son llevadas a nuestro cerebro tras un análisis (disección) hecho por las neuronas de nuestra retina [...], los contrastes luz-sombra son el principio de la construcción de las formas de los objetos en el cerebro. Toda esta información es llevada, finalmente, desde la retina a una estructura del cerebro llamada tálamo en donde la información "descansa" [...] y es desde allí que se distribuye y envía a su último destino, la corteza cerebral, por vías tanto seriadas como paralelas».[4]

Quiere esto decir, y es de suponer que nada objetaría Wittgenstein, que a la hora de enjuiciar su filosofía hay que tener en cuenta que una *parte* esencial, lo natural, no tenemos más remedio que contemplarla, como insinuamos antes, desde aquella o aquellas ciencias que nos la desvelan. Y lo que desvelan es la evolución en la que estamos insertos y que determina y condiciona el desarrollo posterior. Los intérpretes de Wittgenstein deberían ser más cuidadosos, por tanto, y tener presente que no todo es gramática y que la naturaleza se impone más en unos casos que en otros. Mucho de lo que expone Hacker valdría para lo que llamamos Ciencias Sociales. Pero es una exageración trasladarlo a todo el campo del saber. Es cierto que Wittgenstein, en muchas ocasiones, parece reducirlo todo a una especie de «idealismo gramatical». Y es no menos cierto que cuando escribe sobre las matemáticas (y no habría que olvidar que dos tercios de lo que poseemos de su obra tratan de la matemática) da la impresión de reducirlas a un juego más, a un cálculo que se puede contemplar desde las más diversas perspectivas. Hemos de distinguir, sin embargo, los diversos ámbitos de lo real, de lo «dado», y reconocer que todo es gradual y tiene diferentes niveles. En caso contrario, habríamos caído en aquel *craving for generality* que tanto denostó. Lo *históriconatural*, en suma y una vez más, es la muestra de la condición de animal con lenguaje que olvidamos con tanta frecuencia, el molde que nos configura, el humus desde el cual tendríamos que entender el mundo y a noso-

---

4 Mora, 1999, 41 ss.

tros mismos. Sin ningún salto o «gancho» (por usar las palabras de Dennett) trascendental.[5]

Lo que Hacker dedica a la idea que Wittgenstein se hizo de la posibilidad o imposibilidad lógicas es una de las partes menos diáfanas de su exposición. Se puede comprender que en el *Tractatus* el error, o uno de los errores, consistiera en tomar la sombra que, proyectada sobre el mundo por la lógica, se tomara por la realidad en cuanto tal. O que la lógica no esté sujeta ni a un mundo ideal que la sustente ni a un mundo material que la dé su esqueleto. Pero de ahí no se sigue que la lógica sea un juego de lenguaje más. Es, desde luego, también un juego de lenguaje. Aunque, al mismo tiempo, las conexiones lógicas todo lo empapan y sin ellas nos sería imposible hablar de nada. Recientemente, el filósofo Dummett, buen conocedor de Wittgenstein y respondiendo a una pregunta que se le hacía, afirmó que si una verdad revelada (Dummett es un fervoroso católico) entrara en contradicción con cualquiera de las verdades lógicas mejor establecidas, él no se sometería a ellas. Y esto es intolerable. O, mejor, no es siquiera inteligible. Supera el voluntarismo de Pedro Damiano, de Escoto o de Descartes. Pero es que, además de que nos encontramos ante un absurdo que debería hacer callar a quienes de este modo se atreven a hablar, abre la puerta al fideísmo más incontrolado, a la arbitrariedad y a la justificación de todo. Por esta vía han entrado algunos de los llamados «fideístas wittgensteinianos».[6]

Nos gustaría, para acabar, sacar alguna conclusión. En toda la segunda filosofía de Wittgenstein, y teniendo siempre como trasfondo lo que escribió en el *Tractatus*, existe una constante y acentuada intención de reducir al ser humano a sus *auténticas* dimen-

---

[5] Llama la atención, por cierto, que en la muy útil obra de G. P. Baker y P. M. S. Hacker, en el índice no aparece ni «naturaleza» ni «historia». Baker y Hacker, 1980.

[6] En este punto habría que recordar el §43 de las *Investigaciones filosóficas*, sobre el que tanta tinta ha corrido y que parece escapar a cualquier interpretación. Allí se nos dice que el significado de una palabra es su uso en el lenguaje, pero esto para la mayor parte de los casos, no para todos.

siones. Si la comparación no lleva a engaño, habría que emparentarlo con lo que sobre la autenticidad (y no con mucho más) escribió Heidegger en *Ser y Tiempo*. Lo que sucede es que Wittgenstein lo hace sin tanto énfasis ni palabrería y de modo más material, a ras de tierra. Animales con lenguaje somos y un producto de la naturaleza y de las interacciones en la sociedad. Asociado a esta fundamental actitud, no es extraño que su terapia se dirija contra los cantos de sirena y castillos en el aire de la metafísica tradicional. Ésta nos habría alienado, alejándonos del verdadero suelo que pisan nuestros pies. Y en este punto el lenguaje, la herramienta humana por excelencia, nos juega una mala pasada. Diseñada por la evolución para sobrevivir, nuestros deseos lo han convertido en un trampolín al «más allá» y, de ahí, al engaño, al autoengaño y a la confusión continua. Pero no es el lenguaje, por sí mismo, el responsable. Son nuestros deseos que, apoyados en él, se proyectan, ilusoriamente, al infinito. Escribe Wittgenstein en *La rama dorada* que «[...] la representación de un deseo es, *eo ipso*, la representación de su satisfacción».[7] Y es que el deseo no avanza ciego sino con las imágenes que le proporciona el lenguaje. Y, de esta manera, el deseo avanza hasta desbocarse. De ahí la necesidad de la cura o terapia. Lo que ocurre, y esto es decisivo, es que la crítica de Wittgenstein no vale sólo para la metafísica sino para *todo el mundo*. Su terapia es una terapia para lograr la tranquilidad y paz de alma de los humanos y no únicamente de los que, por profesión o por vocación, ejercen de filósofos. En este sentido son más atinadas muchas de las observaciones que algunos hacen sobre el budismo o taoísmo implícitos de Wittgenstein que análisis microscópicos de su obra, y que no van más allá. Finalmente, sus enseñanzas se pueden aplicar con no poco aprovechamiento a temas que, a lo largo de la historia, nos han dado dolores de cabeza y de corazón; por ejemplo, las creencias religiosas habría que entenderlas como deseos muy humanos, con la complicidad del lenguaje, que acaban transformándose en algo ininteligible o semiaceptado por costumbre o

---

7 Véase también Wittgenstein, IF, 445.

por una incomprensible fe. O la libertad, que no es ni una entidad metafísica ni una ficción, habría que contemplarla como el
poder de un animal que, con su lenguaje, abre el campo de sus
posibilidades a su alcance material y las realiza porque no es un
autómata sino un actor social. Los ejemplos podrían multiplicarse. Baste como indicación de la inagotable fuerza de lo que, con
esfuerzo admirable, Wittgenstein nos ha enseñado. Y agradezca-
mos a Hacker que, de nuevo, hayamos mirado a nuestro filósofo
para continuar aprendiendo. O, al menos, intentando aprender.

BIBLIOGRAFÍA

BAKER, G. P. y HACKER, P. M. S. (1980): *Wittgenstein: Understanding and Meaning, Volume 1 of an analytical commentary
on the Philosophical Investigations.* Oxford/Chicago:
Blackwell/Chicago Universtiy Press.

MORA, F. (1999): «Percepción sensorial, emoción y cerebro», en
*Ciencia y sociedad. Sobre el hombre y la cultura de nuestro
tiempo.* Madrid: Fundación BSCH. Ediciones Nobel, pp. 41-
46.

WITTGENSTEIN, L. (1987): *Tractatus logico-philosophicus*, TLP.
Madrid: Alianza Universidad.

— (1988): *Investigaciones Filosóficas*, IF. Barcelona: Crítica.

— (1992): *Observaciones a* La Rama Dorada *de Frazer*, ORDF.
Introducción y traducción de Javier Sádaba. Edición y notas
de José Luis Velazquez. Madrid: Tecnos.

— (1994): *Observaciones sobre los colores*, OSC. Barcelona: Paidós.

— (2007): *Aforismos, cultura y valor.* Madrid: Austral.

Observaciones sobre la antropología de Wittgenstein

Jesús Padilla Gálvez

Universidad de Castilla-La Mancha

1. Introducción

¿Cómo es posible que L. Wittgenstein, un filósofo formado en lógica matemática, se interesase por cuestiones que conciernen al dominio de los asuntos humanos? Esta cuestión no es trivial ya que el asunto que nos proponemos aclarar está íntimamente vinculado al acceso a las cuestiones antropológicas que conciernen a los problemas humanos. No es fácil encontrar una correlación entre los planteamientos formales basados en los principios de demostración e inferencia válida, exactos y precisos; y el dominio general de lo humano, menos estricto y más difuso. Analizado desde este punto de vista, se suscitan nuevos interrogantes, que son, ciertamente, arduos de emprender. La dificultad que deberíamos resolver está íntimamente ligada a la siguiente pregunta: ¿cuál es el acceso de L. Wittgenstein a los problemas que suscitan las cuestiones antropológicas? No parece ser que este interrogante quede zanjado mediante la mera referencia a la lectura del libro publicado por James George Frazer y titulado *The Golden Bough: a Study in Magic and Religion*[1] y las observaciones realizadas al respecto.

---

[1] Véase Frazer, 1922.

Las objeciones que se desprenden de las observaciones realizadas por Wittgenstein se podrían resumir del siguiente modo: el error de Frazer se asienta en que diseña una teoría antropológica sin aportar datos de campo. En consecuencia, su estudio comienza a torcer los hechos para acomodar las teorías, en vez de acomodar las teorías a los hechos. *Prima vista*, la conjetura de L. Wittgenstein no se desarrolla sobre la base de ciertos datos antropológicos, sino porque poseía una experiencia vital muy amplia sobre diferentes culturas en las que había vivido. Sus críticas, a veces, adolecen de ser excesivamente llanas, por lo que generan nuevas incógnitas. ¿Estaba capacitado nuestro autor para reflexionar acerca de cuestiones antropológicas?, ¿poseía información acerca de otros pueblos y culturas?, ¿tenía conocimientos comparados acerca de las diferentes religiones? Indudablemente, este tipo de cuestiones nos apartaría de nuestra empresa y podría desbordarnos a cuestiones subsidiarias e irrelevantes para la reflexión sustancial.

El tema que analizamos ha de ser abordado en un marco general para entender su envergadura. L. Wittgenstein se propone al inicio de los años treinta construir un lenguaje fenomenológico.[2] Dicho lenguaje estaría erigido al margen de la experiencia. El foco de investigación se centraba en las reglas del uso del lenguaje en general, en el reconocimiento de dichas reglas y, finalmente, en el análisis de la representación perspicua (*übersichtliche Darstellung*). El programa estudiaba cómo puede ser sustituido un modo específico de (re-)presentación (*Darstellungsweise*) por otro diferente. Por ello, indaga dos temas capitales en los que se asienta su proyecto: por un lado, el concepto de gramática; y, por otro, la representación perspicua. Ambos permitirían dar un paso crucial en la construcción del lenguaje fenomenológico.

Por esta razón, propongo en este trabajo un desarrollo mucho más limitado que nos permita acercarnos al núcleo de nuestro problema. Para ello presentaré sucintamente el lugar que ocupa el planteamiento wittgensteiniano dentro de lo que denominaré un

---

2 Wittgenstein, *Nachlass*, 2000, ítem 212, 1212.

programa de la filosofía antropológica. Argumentaré que su punto de vista antropológico no asume un punto de vista excéntrico. El hecho de analizar las culturas desde una metodología gramatical ubica las cuestiones antropológicas en el núcleo de la discusión. Seguidamente, aclararemos algunas demandas metodológicas preliminares. Finalmente, abordaremos su propuesta antropológica mediante una exposición detallada de su terminología fundamental, a saber, el problema alrededor de lo que se entiende por «gramática» y la «representación perspicua».

2. La cuestión nuclear en la antropología filosófica

L. Wittgenstein consideraba fundamental el análisis del lenguaje usado por la antropología. Ciertamente, dicho lenguaje está contaminado de coloquialismos, inexactitudes, el uso desmesurado de metáforas, metonimias, etc. De hecho, el lema que gobierna su investigación viene expresado escuetamente del siguiente modo: «En nuestro lenguaje está depositada toda una mitología».[3]

Una indicación tan escueta expresa diferentes propósitos. Entre ellos quiero destacar dos explícitos y uno implícito. La cita indica que nuestro lenguaje es portador de nuestra propia mitología. Es decir, la mitología escrita en tiempos inmemoriales puede ser descubierta en nuestro lenguaje cotidiano con el uso de ciertos giros idiomáticos. Esto viene expresado de modo sucinto cuando se formula la siguiente pregunta:

> ¿Cómo reconozco que ese color es rojo? Una contestación sería: «he aprendido alemán».[4]

En pocos lugares un pasaje expresa de manera más rotunda la posición de nuestro autor. La respuesta que elige no hace referencia ni a las teorías de los colores, ni a la visión, tampoco arguye

---

3 Wittgenstein, BT, §93, 291; 2005, 317.
4 Wittgenstein, PU, §381.

razones de índole perceptiva ni a planteamientos pictóricos. Su análisis se restringe al aprendizaje de su lengua materna y todo lo que se asimila en dicho aprendizaje.[5]

Otro aspecto que deseo resaltar de la cita es que hace mención a «nuestra» (*unsere*) lengua y, por tanto, nuestro idioma se distingue de otros debido a que se ha forjado de experiencias colectivas. Un tercer punto se refiere a la dificultad de entender la interrelación entre vivencia colectiva y el lenguaje en el que se expresa. Ciertamente, estos planteamientos generan un problema metodológico que todo antropólogo ha de tener presente y que se podría plasmar en la siguiente cuestión: ¿cómo se accede a dicha «mitología»?

El programa propuesto por Wittgenstein encuentra sus propias limitaciones. Así pues, y valga como mero ejemplo, es extraño observar que no hiciese hincapié en exhibir el uso de la mentira, la invención, el fraude, la simulación o la falsificación que se desarrolla en el discurso antropológico como instrumento de autoridad. Máxime indica la afinidad que existe en el uso que hacemos de nuestro lenguaje para describir fenómenos extraños recalcando:

> Quiero decir: nada muestra mejor nuestra afinidad con esos salvajes que el que Frazer tenga a mano una palabra tan familiar para él y para nosotros como *ghost* («fantasma») o *shade* («sombra»), para describir los puntos de vista de esa gente.[6]

---

[5] Traducido a nuestro ejemplo antropológico se podría expresar del siguiente modo: ¿cómo sé que esta construcción primitiva o este hecho es religioso? Según Wittgenstein, la respuesta podría ser la siguiente: porque he aprendido en castellano que ciertas construcciones y determinadas acciones persiguen un fin religioso. Por tanto, lo aprendido en mi propia cultura y denominado mediante un lenguaje religioso es trasladado a cualquier cultura foránea que se asemeje a la propia.

[6] El riginal reza así: «*Ich möchte sagen: nichts zeigt unsere Verwandschaft mit jenen Wilden besser, als daß Frazer ein ihm und uns so geläufiges Wort wie «ghost» oder «shade» bei der Hand hat, um die Ansichten diese Leute zu beschreiben*». Wittgenstein, BT, 93; 2000, 291; 2005, 317.

La observación es pertinente ya que debemos constantemente plantearnos si culturas diferentes pueden compartir el contenido y el significado de un término como p. e. «fantasma» sin que ambas compartan un campo referencial común. Para ser más exactos, tendríamos que indagar acerca de los criterios de que dispone el antropólogo para sustituir el contenido del término «fantasma» en nuestra cultura por el contenido del término «fantasma» en una cultura desconocida. Ciertamente, el antropólogo tendría que describir más bien situaciones contrafácticas semejantes al uso que hacemos del término en cuestión en nuestra cultura. Por ello afirma:

> Esto es, desde luego, algo distinto de si describiese, por ejemplo, que los salvajes se imaginaban //se imaginan// que sus cabezas caen cuando han matado a un enemigo. Aquí *nuestra descripción* no tiene en sí misma nada de supersticioso o mágico.[7]

L. Wittgenstein intenta correlacionar el incoherente conjunto de hechos a los que se enfrenta cuando analizamos culturas ajenas con un esquema ordenado de relaciones abstractas. Este tipo de esquema lo toma prestado —desde mi punto de vista— de las matemáticas. Para ello realiza numerosos esbozos sobre temas antropológicos.[8] En estos apuntes, reflexiona sobre la magia y la religión, las ilusiones que generan la explicación de los fenómenos emotivamente primarios o acerca de la semejanza en los comportamientos entre los «primitivos» y los «civilizados». También realiza ciertas observaciones sobre la condición del hombre y su ceguera, no tanto para entender a los demás, sino para comprenderse a sí mismo. Así pues, recalca en sus escritos que una obsesiva necesidad de dominarlo todo ha tenido por consecuencia el olvido del carácter ritual, expresivo y ceremonial del hombre. Es decir, hemos ido reduciendo con el tiempo todas las pautas de comportamiento y reglas implícitas y las hemos susti-

---

7 Wittgenstein, BT, 93; 2000, 291; 2005, 317.
8 Wittgenstein, ORDF, 2008.

tuido por normas explícitas. Su recuperación no implicaría irracionalidad, sino, por el contrario, generaría de nuevo una forma de racionalidad perdida.

Sin embargo, y por paradójico que parezca, Wittgenstein no planteó la terminología antropológica en términos biológicos o sociales, ya que esta perspectiva nos apartaría del planteamiento filosófico. Por esta razón, no utiliza el enfoque tradicional antropológico para abordar las cuestiones humanas que le inquietaban. Su interés se centró siempre —como hemos indicado— en la reconstrucción de un lenguaje fenomenológico con el cual poder describir algunas cuestiones que afectan a la antropología. De hecho, sus críticas se asientan sobre una observación interesante: el antropólogo clásico normalmente utiliza un lenguaje restringido con el fin de describir un fenómeno desconocido. De hecho, el lenguaje que usa en su descripción le resulta demasiado primitivo para acceder adecuadamente a la comprensión de los asuntos humanos en otras culturas distintas. El objetivo de la antropología debería centrarse en describir mediante un lenguaje fenomenológico cómo actúan los humanos en un entorno que es esencialmente diferente al nuestro. El antropólogo debería generar un marco teórico que permitiese entender que lo ajeno, lo desconocido puede ser razonado como una respuesta a un marco incógnito y foráneo a nosotros.

3. EL EXPERIMENTO MENTAL Y EL MODELO MATEMÁTICO

P. M. S. Hacker ha recordado aquella cita según la cual las matemáticas han de ser consideradas un «fenómeno antropológico».[9] En bruto afirma que las proposiciones matemáticas —por analogía al código penal— han de ser enmarcadas en un sistema de normas que determina lo que se denomina «calcular», «inferir», «extraer magnitudes» y cantidades de cosas medibles. Sin embargo, el argumento no es conclusivo y la mera analogía deja

---

9 Wittgenstein, RFF, 399; Hacker, 2010, 18.

muchos cabos sueltos. Creo que el desarrollo argumentativo puede aportar alguna luz en este paso tan delicado.

Para un pensador formado en las matemáticas este ejercicio era muy habitual. Valga un ejemplo clásico en la matemática griega. Al inicio de las investigaciones matemáticas se asumía que todas las magnitudes de la misma clase son conmensurables. Pitágoras puso de relieve que esta presunción era errónea ya que en la aritmética elemental existían muchas magnitudes que no podemos medir. El ejemplo más obvio es el de la diagonal del cuadrado, que es inconmensurable con sus lados. El descubrimiento de los números irracionales generó un cambio fundamental en el modo de concebir las matemáticas. Así pues, un número racional puede ser considerado como una fracción $\frac{a}{b}$, donde a y b son números enteros. Decir que $\sqrt{2}$ es irracional supone afirmar que la raíz cuadrada del número «2» no se puede expresar mediante la fórmula $(\frac{a}{b})2$. Esto equivale a decir que la ecuación $a2=2b2$ no se cumple para valores enteros de a y b que no tengan factor común. Pues bien, el descubrimiento de estructuras inconmensurables supone un reto cognitivo que ha de ser ilustrado en términos distintos a como se expresa cuando analiza los números reales y requiere de una metodología diferente. El propio Wittgenstein hace referencia en sus escritos a dicho enfoque cuando afirma:

[...] Se podría comenzar un libro sobre antropología así: si nos fijamos en la vida y costumbres de los hombres en la Tierra veríamos que además del comportamiento que podríamos denominar animal, como la alimentación, etc., también se llevan a cabo otros de carácter «peculiar» y que se podrían denominar actividades rituales.[10]

En su cita, L. Wittgenstein afirma que se podría escribir un libro sobre antropología en el que se describa la vida y la conducta

---

10 Wittgenstein, *Nachlass*, 2000, PB, ítem 110, 198; Wittgenstein, *Nachlass*, 2000, 319 y ss.

particular de las personas como si fueran simplemente animales que ejecutan ciertos rituales. Según su punto de vista, las descripciones expresadas en dicho libro acerca de las acciones humanas carecerían de sentido (*Unsinn*). El error en la apreciación antropológica se debe a que su interpretación de las peculiaridades ajenas se lleva a cabo como una especie de «física equivocada»[11] y con arreglo a unos conocimientos previos. En dicho libro nunca se describiría la estrategia desarrollada para aprovechar su entorno.[12] Según Wittgenstein, este punto de vista es aventurado, ya que el antropólogo reitera puntos de vista propios y los hipostatiza a los ajenos.

Así pues, cuando el antropólogo usa su propia lengua al describir procesos foráneos, está imponiendo contenidos conceptuales a fenómenos ajenos y está, a su vez, circunscrito por su propia gramática. El antropólogo no es consciente de que el uso de su propio léxico y sus estructuras gramaticales fuerza y limita a su vez la percepción de lo ajeno. Por ello, en lugar de buscar un acercamiento imparcial a la cultura foránea, se tiende a asentar aún más los prejuicios. De hecho, el antropólogo utiliza un subconjunto de estructuras lingüísticas propias con el fin de describir las características de la cultura ajena. Este procedimiento se asienta sobre nuestros propios prejuicios, que tienden a percibir a los miembros de otras culturas como algo más primitivo y menos desarrollado que nuestra cultura. Wittgenstein se centra en saber si realmente describimos la cultura ajena tal como es, o si más bien la representamos como un sistema primitivo mediante el uso «primitivo» de nuestro propio lenguaje. El antropólogo usa simplemente un lenguaje simplificado para atribuir primitivismo a las culturas ajenas. Este dinamismo nos permite tácitamente justificar nuestra falta de comprensión de la cultura foránea. Así pues, apunta:

> Frazer es mucho más salvaje que la mayoría de sus salvajes, porque no será muy diferente de la comprensión de una cuestión espiritual,

---

[11] Frazer, 1922. Véase Wittgenstein, RFGB, 1979.
[12] Wittgenstein, *Nachlass*, 2000, PB, ítem 110, 198.

como un inglés del siglo XX. *Sus* explicaciones de las prácticas primitivas son mucho más crudas que el sentido de estas prácticas mismas.[13]

Contra dicho procedimiento antepone el siguiente argumento contrafáctico en el que se presupone a salvajes sin reglas explícitas que el antropólogo intenta sistematizar:

> Los salvajes tienen juegos (o así es, en cualquier caso, como los llamamos) para los que no tienen ninguna regla escrita, ningún catálogo de reglas. Imaginemos ahora la actividad de un investigador que viaja por las tierras de estos pueblos y hace un catálogo de las reglas de sus juegos. Esto es completamente análogo a lo que hace el filósofo. (Pero por qué no digo: «Los salvajes tienen lenguajes [o nosotros...], ... no tienen ninguna gramática escrita...»).[14]

L. Wittgenstein utiliza con frecuencia los experimentos mentales (*Gedankenexperimente*) con el fin de aclarar e ilustrar su punto de vista. Así, sugiere el siguiente experimento: imaginemos que hemos descubierto una cultura de origen desconocido, cuyos miembros realizan cálculos matemáticos para hacer predicciones. Ciertamente, al analizar dichos cálculos nos basamos en el conocimiento de fondo que hemos adquirido en nuestra propia cultura. Según dicho cálculo, tendemos a realizar predicciones bien fundadas. Por tanto, no sería extraño leer que el antropólogo afirma haber encontrado una cultura en la que se sostiene que el universo se comporta de una manera determinada. En consecuencia, adscribimos a dicha cultura la predicción de un eclipse. Ciertamente, tales afirmaciones, interpretadas literalmente, no tienen sentido. No *puede* ser posible «probar» matemáticamente que mañana habrá un eclipse, porque los fenómenos físicos no forman parte del mundo abstracto de las matemáticas. Probablemente, el argumento esbozado por P. M. S. Hacker tendría sentido si lo transcribiéramos inversamente. Un fenómeno antropoló-

---

13 Wittgenstein, *Nachlass*, 2000, ítem 221, 321.
14 Wittgenstein, BT, 90; 2000, 287; 2005, 313.

gico sería aquel que nos permita comprender porque una regla (matemática) determina unos conceptos determinados y, por tanto, las formas de hacer las cosas.

Resulta embarazoso observar que el antropólogo, subrepticiamente, insista en que dicha cultura fundamenta sus conocimientos sobre supersticiones, semejantes a las que en nuestra cultura equivalen al papel que desempeña el horóscopo y, por tanto, la matemática primitiva se considere una mera superstición. De facto, un antropólogo nunca admitiría métodos matemáticos en la descripción y explicación de fenómenos culturales. Lo más probable es que rechace la idea de que los hechos antropológicos puedan entenderse en términos matemáticos. Por otra parte, si utilizamos la matemática para describir los fenómenos antropológicos, entonces nunca seríamos capaces de verificar o falsificar nuestras proposiciones matemáticas. Si evitamos por completo el cálculo matemático, ¿cómo podría un antropólogo realmente describir y explicar los fenómenos matemáticos con los que opera una cultura foránea?

Nos ocuparemos de este concepto y mostraremos sus consecuencias mediante el siguiente ejemplo: supongamos que un grupo de antropólogos investiga una cultura «primitiva» y se proponen escribir un libro sobre el cálculo matemático que sus miembros emplean.[15] La pregunta pertinente sería la siguiente: ¿qué enfoque asumen los antropólogos al estudiar las peculiaridades del cálculo de la cultura ajena? L. Wittgenstein responde al respecto que se observan dos puntos de vista opuestos. Por un lado, el antropólogo describe meramente los símbolos matemáticos sin importarle el cálculo como tal. Por otro lado, los antropólogos estudian exclusivamente la ubicación de la etapa evolutiva de la cultura en cuestión. Así pues, afirma:

> Está claro que podemos utilizar una obra «matemática» para el estudio de la antropología. Pero algo no está claro; si tenemos que decir: «esta escritura nos muestra cómo opera este pueblo con los signos»,

---

15 Wittgenstein, *Nachlass*, 2000, vol. XIII, PB, ítem 117, 172.

o si hay que decir «este escrito nos muestra qué partes de la matemática domina este pueblo».[16]

Ciertamente, ambos puntos de vista son incoherentes con el análisis antropológico. En el primer caso, el investigador toma una posición externa que le permite describir el cálculo como una mera escritura en la que se «descifran» los signos sin aclarar su contenido. En el segundo caso, el antropólogo compara la forma desconocida de calcular con los métodos utilizados en su propia cultura. Así pues, el antropólogo utiliza su propio sistema matemático como marco de referencia. Palpablemente, en la segunda posición se supone implícitamente que nuestro sistema es más complejo que el foráneo. El sistema extraño se considera un subconjunto del propio y, por lo tanto, menos desarrollado y refinado que el nuestro. Wittgenstein reprueba el segundo enfoque, por poseer exigua utilidad epistémica. Veamos los argumentos mediante un cálculo elemental. Por ejemplo, si realizamos una operación aritmética de composición consistente en sumar reiteradamente la primera cantidad tantas veces como indica la segunda y multiplicamos 25 por 25, entonces resulta 625. Supongamos que un antropólogo se enfrenta a dicho producto y quiere indagar si en la cultura foránea «625» es considerado una profecía o más bien una predicción. Ciertamente, dicha cuestión trastorna el producto en algo trivial, ya que el antropólogo mezcla cuestiones religiosas (profecía) con las meramente matemáticas (cálculo). Esta confusión se observa en la obra de J. G. Frazer, y por ello L. Wittgenstein indica:

> Podríamos también concebir la profecía de la siguiente manera: que se podrá lograr un acuerdo respecto a los resultados «del cálculo» si se alcanza un acuerdo sobre la aplicación correcta de la regla.
>
> O: que todos diremos que hemos realizado el mismo paso cuando todos digamos que seguimos unívocamente la regla.
>
> O, estamos convencidos de que puedo copiar un cálculo realizado en virtud de las reglas que cumplo.[17]

---

16 Wittgenstein, *Nachlass*, 2000, vol. XIII, PB, ítem 117, 186.
17 Wittgenstein, *Nachlass*, 2000, vol. XIII, PB, ítem 117, 174.

Si suponemos que un algoritmo realizado en una cultura diferente a la nuestra tiene por objeto hacer una profecía, entonces la operación sería entendida del siguiente modo: la predicción de eventos futuros se origina en la intuición y, por tanto, no encontraremos *regla* alguna que surja de un cálculo. Si tomamos este punto de vista como un punto de partida, entonces parece increíble que esa «profecía», a veces, se transforme en algo tangible. Por analogía, algo semejante podríamos afirmar acerca de la investigación antropológica. La antropología tradicional parte del presupuesto de que las restantes culturas están menos desarrolladas, son más rudimentarias e inferiores que la cultura a la que pertenece el investigador.

Por ejemplo, si analizamos las pirámides de Chichén Itzá, una cultura precolombina desarrollada por la civilización maya, nos encontramos con detalles sobre los rituales religiosos de los mayas y el significado simbólico de sus edificios. Sin embargo, tenemos pocos conocimientos sobre las bases matemáticas y los fundamentos geométricos en los que se asienta la construcción de los poliedros. El antropólogo tiende a proceder de manera semejante ya que se concentra en investigar el significado simbólico de los objetos culturales, ignorando los conocimientos abstractos que esta cultura desarrolló. Esa concepción de la antropología parece bastante excéntrica, porque excluye todos los conocimientos básicos en los que se sustenta la cultura foránea. Sólo desde este punto de vista parece plausible la afirmación de P. M. S. Hacker cuando sostiene que las matemáticas son un fenómeno antropológico. Sin embargo, las proposiciones matemáticas no son fenómenos antropológicos sino expresiones sobre reglas.[18] El lenguaje que usa el antropólogo dista del lenguaje fenomenológico. Este último describe las reglas que subyacen a cualquier estructura matemática.

---

18 Hacker, 2010, 30 y ss.

4. Un inciso acerca de la gramática

Pero —podríamos cuestionarnos—, ¿cuál sería el método oportuno para rebatir la inclinación natural a considerar nuestras propias estructuras conceptuales como las más apropiadas y, además, capaces de describir no sólo nuestras reglas sino también todas las reglas desconocidas? Probablemente, el método más acertado sería indicar el procedimiento mediante el cual se construye el sistema conceptual en otras culturas y cómo dichos conceptos se asemejan o difieren del uso que hacemos en nuestra propia cultura. Como se comprenderá, dicho programa rompería con todos los prejuicios acumulados desde el inicio mismo de la reflexión filosófica. Un modo apropiado sería describir culturas distintas a la nuestra y descubrir formas alternativas de representación (*Darstellung*).[19] Pero, ¿cómo podríamos describir otras representaciones desde nuestra estructura representacional? Es aquí donde Wittgenstein sugiere que para reflexionar sobre lo ajeno se introduzca un concepto de «gramática» que rompe con los planteamientos clásicos. La gramática, en un sentido amplio, estudia las reglas y principios que regulan el uso de las lenguas y la distribución estructural de las palabras dentro de una proposición. Sin embargo, el término «gramática» es usado por L. Wittgenstein de un modo específico.[20] Desde el inicio L. Wittgenstein es consciente de ciertas dificultades que genera dicho programa. Así pues afirma:

---

[19] L. Wittgenstein se refiere a *Darstellung*, es decir, a términos sinónimos en castellano como: la descripción, el espectáculo, la exposición, la imagen, la interpretación, la presentación, la representación, el retrato, el talento descriptivo, el talento mímico o la versión. No se debe confundir con *Vorstellung*, que equivale a concepción, concepto, ejecución (*Aufführung*), espectáculo, función, idea, imaginación, presentación, representación o sesión. Ambos términos son equívocos cuando se refieren a «espectáculo», «presentación» y «representación». Sin embargo, los parecidos de familia permiten delimitar una representación física de una de carácter mental.

[20] Véase Padilla Gálvez, 2008, 7 y ss.

Mi //el// error está aquí en que una y otra vez me olvido de que *todas* las reglas caracterizan el juego, el lenguaje, y que estas reglas no son responsables de la realidad, de manera que sea controlada por ellas, y de tal modo que podríamos dudar de una regla que sea necesaria o correcta. (Compárese con el problema de la consistencia de la geometría no euclidiana.)[21]

El texto nos previene de antemano de que tenemos que aclarar lo que se entiende por regla con el fin de caracterizar el lenguaje o elucidar el juego que desplegamos. Sin embargo, las reglas gramaticales no son responsables de lo que sucede en la realidad. Por así decirlo, la realidad no viene a ser controlada por ninguna regla gramatical por lo que siempre se puede poner en entredicho si esta o aquella regla es necesaria o correcta. A partir de este planteamiento, P. M. S. Hacker ha postulado que la gramática contiene un núcleo metafísico.[22] Para analizar este punto de vista tenemos a disposición un trabajo sumamente esclarecedor, a saber, el proyecto titulado *Gramática Filosófica* (*Philosophische Grammatik*).[23] Un proyecto —dicho sea de paso— en el que L. Wittgenstein trabajó a partir del año 1931 hasta el final de su vida. Por «gramática» entiende, *grosso modo*, la descripción de las reglas de nuestro lenguaje (en primera instancia desde un punto de vista semántico) y el tejido (*Netz*) de reglas. Cuando se refiere a la filosofía y la caracteriza como «investigación», entonces apunta al primer apartado.[24] Ahora bien, cuando se refiere a ciertas anotaciones sobre ciertos vínculos conceptuales, entonces hace referencia a las observaciones gramaticales (*grammatikalischen Anmerkungen*)[25] o a ciertos comentarios sobre la gramática (*grammatikalische Bemerkungen*),[26] respectivamente. Los pro-

---

[21] Wittgenstein, BT, 2005, 184 (56).

[22] Hacker, 1972, cap. VI.

[23] Compárese: Wittgenstein, MS 110, 254; Wittgenstein, MS 110, 214; Wittgenstein, *Notebook*, 9v-10r; Wittgenstein, MS 114. Un comentario exhaustivo a estos pasajes ha sido desarrollado por Venturinha, 2010, 99 y ss.

[24] Véase Wittgenstein, PU, §90.

[25] Véase Wittgenstein, PU, §232.

[26] Véase Wittgenstein, PU, §574.

blemas lógicos se contraponen a los asuntos de la experiencia y, por tanto, pueden ser denominados, sin tapujo alguno, como ciertos problemas que conciernen al orden gramatical.[27] La gramática es considerada literalmente como «los libros de contabilidad del lenguaje».[28] Ciertamente, en dichos libros se lleva a cabo un inventario detallado que permite un seguimiento de todas las operaciones que se realizan en nuestro lenguaje. Es más, gracias a dicha contabilidad podemos constatar ciertas reglas del lenguaje. Estas reglas describen la estructura del lenguaje.[29]

P. M. S. Hacker ha reiterado que la mayoría de las proposiciones gramaticales tienen un fuerte sesgo metafísico,[30] afirmando:

It is characteristic of many such «metaphysical» that they conceal grammatical rules.[31]

Es decir, una de las características manifiestas de los enunciados metafísicos es que encubren reglas gramaticales. Las verdades necesarias que indaga el metafísico en su investigación sobre la esencia del mundo han de ser entendidas como un reflejo de la gramática. Desde su punto de vista, la gramática se asienta sobre el principio de autonomía gramatical. Ciertamente, este planteamiento parte de una reflexión acerca de lo que él denomina «amplitud de la arbitrariedad».[32] Su argumento se asienta sobre la siguiente entrada:

¡Por supuesto que las reglas de la gramática según las cuales procedemos y operamos no son arbitrarias![33]

---

[27] Véase Wittgenstein, Z, §590.

[28] Wittgenstein, PG, 44.

[29] Literalmente afirma: «*Vielmehr sind sie die Beschreibung davon, wie die Sprache es macht, –was immer sie macht*». Wittgenstein, BT, 145, 191v.

[30] Hacker, 1972, cap. VI.

[31] Baker, Hacker, 2009, 63.

[32] Hacker, 2010, 7. Una discusión interesante al respecto: Hacker, 1996.

[33] Wittgenstein, PG, §68.

A partir de dicha disquisición, se desarrolla su argumento a favor de la tesis de la autonomía de la gramática. Dicha tesis se sustenta en el siguiente párrafo:

> Esto, que es tan difícil de ver, puede ser expresado de la siguiente manera. Mientras permanezcamos en el ámbito de los juegos verdadero-falso, una modificación en la gramática sólo puede conducirnos de *un* juego de esta clase a otro, pero no de algo verdadero a algo falso. Y, por otra parte, si salimos de la esfera de estos juegos, ya no los llamamos «lenguaje» y «gramática» y, de nuevo, no entramos en contradicción con la realidad.[34]

Este pasaje es sumamente complejo y es interpretado por Hacker del siguiente modo: por un lado, debemos tener en cuenta dos aspectos que conciernen a la tesis acerca de la autonomía de la gramática. El primero reconoce que existen gramáticas alternativas y que son a su vez recíprocamente autónomas. El segundo indica que la gramática nunca entra en conflicto con la realidad.[35] El texto afirma algo más: si nos movemos en el ámbito de los juegos «verdadero-falso», entonces impulsamos la argumentación veritativa.[36] Si modifico la gramática, altero el juego, si bien no coinciden ambos juegos en lo verdadero y en lo falso ni tienen un acceso privilegiado que permita vincularlos recíprocamente a una cierta verdad sustantivada (*die Wahrheit*). Seguidamente, el texto explicita que si nos extralimitamos en el juego, entonces ya no podemos referirnos a lo que hacemos mediante el uso de un lenguaje o una gramática.

La visión crítica del autor sobre la propuesta wittgensteiniana no se desliza por la simplificación. El perfil que desarrolla nos pa-

---

[34] Wittgenstein, PG, §68.

[35] Hacker, 1972, cap. VI.

[36] En este campo analizaríamos, además de la argumentación veritativa (*Wahrheitsargument*), la función de verdad (*Wahrheitsfunktion*), las combinaciones posibles de los valores de verdad (*Wahrheitskombination*), las posibilidades de que una proposición sea verdad (*Wahrheitsmöglichkeit*), la operación veritativa (*Wahrheitsoperation*) y el valor de verdad (*Wahrheitswert*).

rece impecable si tenemos en cuenta que las citas presentadas son sumamente complejas. Ciertas cuestiones, a mi juicio, no quedan suficientemente resueltas y afectan a la antropología directamente. Se insiste en el papel que desempeña la metafísica como factor principal; sin embargo, el texto hace referencia a la responsabilidad (*rechenschaft schuldigt/verantwortlich*) sin que determine los límites entre el responsable (sujeto) y la responsabilidad (objeto). Wittgenstein hace referencia a la implicación que existe entre el conocimiento de *todas* las reglas y el lenguaje. Por lo tanto, sería pertinente un análisis profundo de la totalidad de las reglas de un lenguaje y compararlo con la totalidad de las reglas de un lenguaje diferente, determinando la vinculación que se establece entre ambos.

5. *WAS UNS BEUNRUHIGT, IST DIE UNKLARHEIT ÜBER DIE GRAMMATIK*[37]

Así pues, cabe preguntarse: ¿de qué fuentes se nutre la propuesta gramatical sugerida por Wittgenstein?, ¿qué diferencia la gramática alemana, inglesa, etc. de la gramática de un pueblo «primitivo»?, ¿cómo podemos acceder a la «totalidad» de las reglas en culturas ajenas si la gramática no actúa de manera responsable frente a la realidad? La respuesta a todas estas preguntas podría ser la que encabeza este apartado: lo que nos perturba cuando describimos una cultura foránea es el descubrir cierta ambigüedad en las estructuras gramaticales. Si bien, la articulación conceptual de la propuesta de Hacker me parece su mayor virtud; sin embargo, el estudio de la ambigüedad gramatical constituye su asunto más tenue. Este oscurantismo en nuestra gramática no nos puede inducir a pensar que estamos a las puertas de una nueva metafísica.

---

[37] Véase Wittgenstein, BT, 2000, 295 (94); afirma: «Lo que nos inquieta es la oscuridad acerca de la gramática de la proposición [...]». Esta preocupación por la ambigüedad (*Unklarheit*) de ciertas estructuras gramaticales es un motivo constante de la reflexión wittgensteiniana.

Es sumamente interesante indicar que ahí donde Wittgenstein localiza el origen de una confusión que se genera en nuestras creencias al pensar que tenemos que decidir entre la existencia (presencia) o inexistencia (no-presencia) de un objeto como si lo percibiésemos en un sentido fisicalista, no sea más que una mera ambigüedad gramatical inherente a la estructura proposicional de nuestra propia lengua.[38] Dejando de lado las cuestiones tan arduas como, p. e., determinar si la gramática tiene un fundamento metafísico o no, lo que a nosotros nos inquieta es si las disquisiciones antropológicas wittgensteinianas podrían haber estado motivadas por cuestiones teóricas acerca de la gramática. Desde nuestro punto de vista, existen razones de peso para mantener que ambos planteamientos están estrechamente vinculados entre sí. L. Wittgenstein concebía el lenguaje fenomenológico como el estudio de la gramática de nuestro lenguaje, es decir, el análisis de las reglas de uso de nuestro lenguaje y el conocimiento de dichas reglas, por un lado; y la representación perspicua, por otro. Su proyecto fenomenológico permitiría así el estudio de las estructuras lingüísticas desde un punto de vista abstracto. Dicho de otro modo, la fenomenología estudiaría la relación que hay entre las reglas de uso y el ámbito en que se hacen presentes estas estructuras gramaticales cuando se representan ciertos hechos de modo comprensible.

Un modo ejemplar de analizar dicho lenguaje y desambiguar estructuras gramaticales oscuras se lleva a cabo mediante un estudio pormenorizado del lenguaje antropológico. Generalmente, el antropólogo se ve ante la dificultad de buscar un procedimiento que permita describir otras culturas. Para ello requiere, como mínimo, desarrollar una gramática que permita expresar las reglas de uso de la cultura investigada. Entre la gramática y el uso de las reglas en las que se sustenta mi lenguaje y las reglas de la cultura foránea debe aparecer algún tipo de fricción. Ciertamente, ambas gramáticas mantienen un grado de autonomía con respecto a las demás. Dichas gramáticas usan juegos distintos. Sin embargo, el

---

[38] Wittgenstein, BT, 2000, 295 (94).

«orden gramatical» nos permite entender las proposiciones. Lo que ciertas culturas consideran verdadero o falso no tiene que coincidir con lo que en nuestra cultura y en nuestra gramática consideramos verdadero/falso. Ambas culturas no tienen por qué coincidir en alguna verdad absoluta o un modo objetivo de realidad que transcienda su gramática y los respectivos lenguajes.

L. Wittgenstein se encarga de poner unos límites muy claros al proyecto gramatical cuando anota lo siguiente: «Nuestra gramática carece ante todo de perspicuidad».[39]

Ciertamente, la gramática de por sí no puede llevar a cabo un proyecto tan amplio como sería la construcción de un lenguaje fenomenológico.[40] Para ello, se requiere, en primera instancia, la investigación de las reglas del uso en nuestro lenguaje. Este proyecto sólo se puede llevar a cabo mediante una representación perspicua ya que la gramática carece de esa visión de conjunto.[41] La gramática está vinculada a la exposición de la forma de cómo las cosas se nos presentan (*Form der Darstellung*).

Este planteamiento nos transporta a un nuevo inconveniente: ¿cómo se accede a la gramática foránea? Parece pertinente que reflexionemos sobre un concepto clave como el de «representación perspicua», que actúa como colorario de la tesis holista planteada arriba acerca del conocimiento de la «totalidad» de las reglas.[42]

6. REPRESENTACIÓN PERSPICUA (*ÜBERSICHTLICHE DARSTELLUNG*)

Pero ¿por qué falla el antropólogo de manera tan desmedida?, ¿por qué fracasa la antropología a la hora de describir lo ajeno?

---

[39] Wittgenstein, MS 108, 31. Esta entrada está fechada el 23 de diciembre de 1929.

[40] Wittgenstein, PG, 437 (94).

[41] Véase Wittgenstein, *Nachlass*, 2000, ítem 212, 1212.

[42] N. F. Gier indica el carácter holístico del proyecto fenomenológico de Wittgenstein. Véase Gier, 1981, y Gier, 1990, 273-288.

Resulta sumamente interesante que el antropólogo no haya desarrollado —como el matemático griego al descubrir los números
irracionales— un método que le permita reflexionar acerca de estructuras inconmensurables. Parece ser que algo fundamental ye-
rra y que este error es imputable a la representación (*Darstellung*)
de lo desconocido. Para superar esta extravagante situación, L.
Wittgenstein accede a un problema que viene a ser denominado
la «representación perspicua» (*übersichtliche Darstellung*), sobre
la cual vamos a reflexionar en estas últimas páginas. Para ello introduce la siguiente anécdota:

> Alguien ha oído que el ancla de un barco es alzada por un motor de
> vapor. Él sólo piensa en lo que mueve al buque (y por lo que se de-
> nomina barco de vapor) y no se puede explicar lo que ha oído.
> (Quizás la dificultad sólo se le ocurra más tarde.) Ahora le decimos:
> no, no es *este* motor de vapor, sino que además de éste hay a bordo
> muchos otros y uno de ellos eleva el ancla. ¿Era su problema filosó-
> fico? ¿Sería filosófico si hubiera oído de la existencia de otros moto-
> res de vapor en el barco y sólo se le debiera haber recordado? Creo
> que su confusión tiene dos partes: lo que el que da la explicación le
> comunica a él como un hecho, quien pregunta podía haberlo con-
> cebido perfectamente por sí mismo como una posibilidad, y podía
> haber planteado su pregunta de una forma determinada en lugar de
> hacerlo como una mera admisión de confusión. Esta parte de la in-
> certidumbre la podría haber eliminado él mismo; sin embargo, la re-
> flexión no podría instruirle sobre los hechos. O: la intranquilidad
> que resulta de su desconocimiento de la verdad, no podía eliminarla
> por ninguna ordenación de sus conceptos.
> La otra intranquilidad y confusión se caracteriza por las palabras
> «aquí hay algún error» y la solución, mediante (las palabras): «Ah,
> no te refieres *al* motor de vapor» o —en otro caso— «con "máquina
> de vapor" no te refieres sólo a motor de émbolo».[43]

Este pasaje es introducido con el fin de aclarar cuál debe ser el
método que ha de seguir la filosofía a la hora de analizar fenómenos complejos. Éste se caracteriza mediante un programa que

---

[43] Wittgenstein, BT, 89; 2000, 280; 2005, 306; TS-212, 1135 y ss.

aparece en el título, a saber: «la representación perspicua de los hechos gramaticales //lingüísticos//».[44] ¿Qué se entiende por *übersichtliche Darstellung*, es decir, por «representación perspicua», en este contexto? El ejemplo induce a pensar que el perito reconoce en el barco de vapor los diferentes motores que se utilizan y sabe discernir el motor que está siendo activado cuando se alza el ancla. Dejemos de lado las inquietudes que pueda generar el desconocimiento de todos los mecanismos que puedan ser activados y concentrémonos por un instante en esa visión de conjunto a la que nos alude nuestro filósofo.

En las conferencias impartidas entre 1930 y 1933, L. Wittgenstein reflexiona acerca del concepto *«übersichtliche Darstellung»* y se refiere en inglés al término mediante las expresiones «cuadro sinóptico» y «sinopsis», e incluso usó *«synoptizing»*.[45] La traducción de este término mediante la expresión «representación perspicaz»[46] puede ser más adecuada que otras utilizadas generalmente como «vista de pájaro»,[47] «visión sinóptica»[48] o «representación analizable».[49] G. P. Baker y P. M. S. Hacker sugieren en su comentario al §122 de las *Investigaciones filosóficas* la traducción de *«übersichtlich»* por *«to survey»* de la siguiente manera: «[...] *in the sense in which one can survey a scene from the heights of a*

---

44 Wittgenstein, BT, 89; 2000, 280; 2005, 306; TS-212, 1135.

45 Compárese: Wittgenstein, WL30/32 y WV32/35(1)/(2).

46 La alternativa de «representación perspicaz» se debe a G. E. M. Anscombe que, al traducir el §122 de la *Untersuchungen*, utiliza la «perspicacia» por *«Übersichtlichkeit»* y «tener una vista clara» por el verbo *«übersehen»*. También C. G. Luckhardt y M. Aue se deciden por dicha alternativa al traducir el capítulo «Filosofía» de *The Big Typescript*. Recientemente han optado por «la representación analizable» y *«surveyability»*. Wittgenstein, BT, 89, 2000, 280 y ss.; 2005, 306 y ss.

47 La opción de «vista de pájaro» es propuesta por R. Hargreaves en su traducción de *Philosophical Remarks*.

48 Usada en la traducción al castellano de las *Investigaciones filosóficas*.

49 En la traducción de Roger White de la *Philosophische Bemerkungen*, se opta por la noción de representación tanto para *«übersichtliche Darstellung»* como para *«Übersichtlichkeit»*.

mountain».[50] La interpretación habitual de lo que está implícito en el significado de «*übersichtliche Darstellung*» reside en aceptar una perspectiva amplia, en la que uno podría tener un punto de vista sistémico sobre lo que se observa. Es decir, poseeríamos una visión sistemática de conjunto de nuestras representaciones comunes del significado de los términos y un escrutinio del uso ordinario de las expresiones usadas.

Sin embargo, esta visión lingüística que ha estado asociada por la mayoría de los intérpretes de las *Investigaciones filosóficas* pasa por alto un elemento clave en el que Wittgenstein había puesto especial empeño. Así pues, en su obra indica que la representación perspicua ha de poner especial énfasis en ser entendida como una «presentación» de la realidad. Por tanto, en cualquier representación perspicua ha de preponderar la presentación a la representación mental (*Vorstellung*). La única manera de «presentar» la realidad es hacer visible lo que no podemos ver perentoriamente debido a nuestra propia experiencia que lo domina todo. Lo que él denomina «*Übersicht*» tiene que estar en correlación directa con el pensamiento mismo, ya que sin esta visión de conjunto no se puede sistematizar nada. Es una opinión concomitante y, por ello, es importante que adquiramos una representación perspicua.

De este hecho nos damos cuenta si analizamos detalladamente el origen del §122 de las *Investigaciones filosóficas*. Este apartado se genera a partir de tres observaciones. La primera se sitúa en una fecha muy temprana y es consecuencia de una crítica a la posición mantenida en el *Tractatus* en la que anota que la gramática carece de perspicuidad. Este asunto ha sido abordado arriba. La gramática expone el modo como las cosas se nos presentan (*Form der Darstellung*). Las siguientes observaciones están íntimamente vinculadas al *The Big Typescript* y rezan así:

---

[50] Baker y Hacker, 1980, 546. En la segunda edición revisada, Hacker indica: «[...] *in the sense in which one can survey a scene from the heights*». Baker y Hacker, 2005b, 259. Compárese con Baker y Hacker, 2005a, 309-310.

El concepto de representación perspicua tiene para nosotros un significado fundamental. Designa nuestra forma de representación, el modo en que vemos las cosas. (Un especie de «cosmovisión» que parece ser típica de nuestro tiempo. Spengler.)

Esta representación perspicua facilita comprender //comprensión//, que consiste precisamente en que «vemos las conexiones». De aquí la importancia de los *vínculos* //de encontrar los *vínculos*//.[51, 52]

Previamente podemos observar que en el pasaje analizado se hace un uso equívoco del término «*Darstellungsform*». Por un lado, hace referencia a algo así como el modo de comprender. Con ello, el término se vincularía a la familia conceptual vinculada a ciertas funciones mentales que desarrollamos en el entendimiento, la comprensión, el modo de ver e interpretar. Ciertamente, esta interpretación del término se sustentaría sobre un empleo coloquial. Por otro lado, y de un modo más estricto, la forma de representación (*Darstellungsform*) filosófica se supedita a la *Auffassungsweise* del modo como asimilamos una regla.[53]

Nuno Venturinha ha comparado minuciosamente ambas observaciones en la *Urfassung* y la *Spätfassung* de las *Investigaciones filosóficas*,[54] y ha indicado que las dificultades para entender este pasaje se deben al empleo de la primera persona del plural, ya que no está claro si Wittgenstein desea referirse a nosotros, los seres humanos, o a su propia investigación. ¿Puede ser la «representación perspicua» relevante para la humanidad o exclusivamente para Wittgenstein?, ¿qué significa realmente esta «forma de ver las cosas»?, ¿hemos de considerar más bien todo esto como un mero punto de vista particular?

---

51 Wittgenstein, MS 110, 257. Compárese con Wittgenstein, BT, 89, 2000, 281; 2005, 307 y ss.

52 Podríamos comparar las observaciones indicadas arriba con la correspondiente Sección de las *Investigaciones filosóficas* con el fin de observar las diferencias y similitudes con el paso de los años. Véase Wittgenstein, MS 142, 107, §115; TS 227a/b, 88, §122.

53 Von Savigny, 1988, 165 y ss.

54 Véase Venturinha 2010, 100 y ss. Compárese con Wittgenstein, MS 142, 107, §115; Wittgenstein, TS 227a/b, 88, §122.

7. VOLAR EN LUGAR DE CAMINAR[55]

Para la antropología, esta representación perspicua es, después de todo, lo que produce el entendimiento de lo ajeno. Si no somos capaces de «ver las conexiones» que permite a cada instante una cierta sinopsis, entonces no podemos desarrollar una conjunción adecuada de los hechos que acaecen en la experiencia de lo ajeno. En cualquier presentación sinóptica encontramos dos polos que se autoexcluyen: por un lado, estamos ante una «forma de presentación», es decir, una forma de ver las cosas; y, por otro, una especial atención a aquello que a menudo perdemos de vista pero que actúa sobre lo observado. Sería pues algo semejante a explicar las reglas explícitas y las implícitas que determinan nuestro comportamiento diario.

L. Wittgenstein intenta evitar cualquier sesgo dogmático en su propuesta filosófica. Este enfoque ha sido considerado como una posición muy débil que genera algo así como un punto de vista negativo a una posición.[56] Creo, sin embargo, que ese tipo de «dialéctica» a la que hace referencia la bibliografía secundaria se debe a las limitaciones que impone el ejemplo mismo que introduce el propio Wittgenstein. Por decirlo de modo metafórico, la propuesta es víctima de sus propias limitaciones. El barco de vapor con todos sus motores incide en una visión estática de un sistema complejo. Sin embargo, la representación perspicua en cualquier sociedad se caracteriza por su dinamismo y por su carácter transitivo. Por esta razón, si bien hace referencia a la complejidad, sin embargo no recoge las transformaciones que operan en el estudio de las estructuras sociales. Por tanto, considerada como un programa de trabajo, el ejemplo del barco es extremadamente débil en lo que se refiere a su propósito filosófico y a su pertinencia. En mi opinión, Wittgenstein se compromete claramente con una «posición», la perspicuidad que lo aparta del cientificismo.

---

55 Véase Wittgenstein, ítem 228, *Bemerkungen I*, 12.
56 Véase Baker, 2004, 44-45, y Glock, 1991, 73-76, nota 8.

Cuando L. Wittgenstein se propone aclarar lo que entiende por representación perspicua (*übersichtliche Darstellung*), hace referencia a dos figuras distintas que pueden arrojar alguna luz al respecto: primero se refiere al modo como vemos las cosas; por otro lado, menciona a Spengler y se refiere a una cierta «cosmovisión». Esta última se considera como un complejo de opiniones y creencias que conforman una representación general del mundo que posee toda cultura, a partir de la cual interpreta su propia naturaleza y la de todo lo existente. Dicha representación define nociones comunes que se aplican a todos los campos de la vida. Las relaciones, sensaciones y emociones producidas por la experiencia peculiar del mundo en el seno de un ambiente determinado y que contribuyen a conformar una visión de conjunto. Todos los productos culturales o artísticos serían a su vez expresiones gramaticales que encajan en un orden. La tarea propuesta por Wittgenstein consiste en indagar dónde y cómo han de ser ubicadas las expresiones culturales en el marco de una gramática distinta de ciertas culturas ajenas.

Una representación perspicua no consistiría en una teoría particular acerca del funcionamiento de alguna entidad particular,[57] sino que se exterioriza. En consecuencia, una representación perspicua no puede considerarse *sensu strictu* como una elaboración filosófica explícita ni depende de un enfoque exclusivo; puede ser más o menos rigurosa, acabada o intelectualmente coherente. Las diferentes culturas generan a su vez representaciones perspicuas de sí mismas y de las demás culturas, puesto que proveen un marco interpretativo a partir del cual sus adhe-

---

[57] P. M. S. Hacker ha indicado correctamente que no estamos ante una «*obscurantist jettisoning of anthropological data*» (Hacker, 2001, 90), que de por sí sería completamente irrelevante desde un punto de vista hermenéutico. Los fines que persigue la propuesta de Frazer son los siguientes: «[...] *it is relevant, but not as a flimsy analogical basis for a historical hypothesis concerning false beliefs that gave rise to magic conceived as proto-science. Rather, Frazer's collection of facts is relevant to an elucidatory enterprise –an arrangement of the data that will display the specific ceremonial, ritual physiognomy of a given savage practice against the backcloth of whole families of analogous rituals*» (Hacker, 2001, 90).

rentes y seguidores elaboran doctrinas intelectuales o éticas. La representación perspicua es siempre compleja y resistente al cambio aunque se transforme constantemente; puede, por lo tanto, integrar elementos divergentes y aun contradictorios.

8. Conclusión

El 6 de noviembre de 1930 expresa L. Wittgenstein el deseo de escribir un libro en cuyo prefacio aparecería el siguiente prólogo:

> Este libro está escrito para aquellos que sientan una cierta simpatía por el espíritu en el que está escrito. Este espíritu es diferente del de la gran corriente de la civilización europea y americana. Éste se manifiesta en un progreso, en la construcción de estructuras más complejas, aquel otro en la búsqueda de la claridad y la transparencia de cada estructura posible //cualquier estructura//. Éste abarcará la periferia; aquél, el centro de la esfera. Éste quiere capturar el mundo en la //su// periferia; aquél, su centro. Por lo tanto, éste coloca una piedra detrás de otra o sube de un nivel a otro, mientras aquél permanece donde está y siempre se esfuerza por capturar lo mismo.[58]

Asume, pues, que las diferencias culturales sólo pueden entenderse plenamente si nos distanciamos de nuestros puntos de vista culturales. El blanco de sus críticas es, por un lado, un cientificismo tecnológico cada vez más indómito y, por otro, la denominada «filosofía científica». Wittgenstein nos invita a que nos resistamos a aceptar un proceso de conocimiento cientificista que es incapaz de describir las equívocas conexiones que posibilita la experiencia. El cientificismo almacena meramente datos para ir construyendo desde la periferia, sin apenas acceder al núcleo de la cuestión.

Ciertamente, uno de los aspectos positivos de la propuesta elaborada por L. Wittgenstein se centra en haber resaltado los límites del discurso antropológico cuando se usa como un ins-

---

[58] Wittgenstein, MS 109, 211.

trumento de dominación cultural. Dicha crítica acentúa la dificultad que genera el estudio de culturas foráneas ya que la interacción asimétrica que caracteriza la relación discursiva entre cultura dominante y primitiva desvirtúa cualquier conocimiento ecuánime.

Sin embargo, también ha de resaltarse que en la propuesta elaborada por Wittgenstein hay una deficiencia importante. Siempre hace referencia a los problemas lingüísticos, pero nunca desarrolla un análisis pertinente del encuadre y el marco discursivo en el que se ha de ubicar el discurso antropológico de dominación asimétrico. De hecho, la mera referencia a la representación perspicua de otras culturas genera problemas interpretativos que se ubican dentro del análisis «en bruto» de la cultura ajena. La fertilización cruzada entre representación perspicua y el encuadre o marco contribuiría a iluminar mejor las diferencias entre las culturas y permitiría investigar adecuadamente la formación de sus peculiaridades a partir del establecimiento de un lenguaje y una gramática determinada que permita reconstruir una estructura cultural.

Bibliografía

Bibliografía primaria

BF - *Bemerkungen über die Farben* (1977), Ed. G. E. M. Anscombe, en: *WA*, vol. 8, pp. 7-112.

BT, 2000 - *The Big Typescript (TS 213)*, *Ludwig Wittgenstein. Wiener Ausgabe*, Ed. Michael Nedo, vol. 11, Springer, Wien, 2000.

BT, 2005 - '*The Big Typescript: TS 213*', *Ludwig Wittgenstein*'. Ed. y trad. C. Grant Luckhard, M. A. E. Aue, Blackwell, Oxford, 2005.

MS ... - *Manuscript ...*, según el catálogo de G. H. v. Wright.

Nachlass - *Wittgenstein's Nachlass*. The Bergen Electronic Edition, Oxford University Press, Oxford, 2000.

ORDF - Observaciones de La Rama Dorada de Frazer, Introducción y traducción de Javier Sádaba, Edición y notas de José Luis Velazquez). Tecnos, Madrid, 1992.

PB - Philosophische Bemerkungen (1964), ed. Rush Rhees, *WA*, Vol. 2.

PG - Philosophische Grammatik (1969), ed. Rush Rhees, *WA*, Vol. 4.

PO - Philosophical Occasions 1912-1951 (1993), ed. J. C. Klagge, A. Nordmann, Hackett Publishing Company, Indianapolis, Cambridge, 21994.

PU - Philosophische Untersuchungen (1953), eds. G. E. M. Anscombe, G. H. von Wright, R. Rhees, en: *WA*, Vol. 1, pp. 225-618.

RFGB - Remarks on Frazer's 'Golden Bough'. Ed. R. Rhees; trad. A. C. Miles, revisedo R. Rhees. Brynmill, 1979.

RLF - «Some Remarks on Logical Form», *The Aristotelian Society*, en: *PO*, pp. 28-35.

TS... - Typescript ..., según el catálogo de G. H. v. Wright.

WA - Werkausgabe (8 volúmens), Suhrkamp, Frankfurt am Main, 1984.

WL30/32 - Wittgenstein's Lectures. Cambridge, 1930-1932, ed. D. Lee, Basil Blackwell, Oxford, 1980.

WV32/35(1)/(2) - Ludwig Wittgenstein. Vorlesungen Cambridge 1932-1935 (1979), Ed. A. Ambrose, trad. J. Schulte, en: *Ludwig Wittgenstein. Vorlesungen 1930-1935*, Suhrkamp, Frankfurt am Main, 21989.

WWK - Ludwig Wittgenstein und der Wiener Kreis (1967), Ed. B. F. McGuinness, *WA*, Bd. 3.

Bibliografía secundaria

Anscombe, G. E. M. (1953): Note on the English Version of Wittgenstein's *Philosophische Untersuchungen*, Mind, 62, pp. 521-522.

BAKER, G. P. (2004, 1991): «Philosophical Investigations §122: Neglected Aspects», en K. J. Morris (ed.), *Wittgenstein's Method. Neglected Aspects*. Oxford: Blackwell, pp. 22-51.

BAKER, G. P. y P. M. S. HACKER (1980): *Wittgenstein. Understanding and Meaning*. Volume 1 of *An Analytical Commentary on the* Philosophical Investigations. Oxford: Blackwell.

— (2005a): *Wittgenstein. Understanding and Meaning*. Volume 1 of *An Analytical Commentary on the* Philosophical Investigations - *Essays*, 2ª ed. P. M. S. Hacker. Oxford: Blackwell.

— (2005b): *Wittgenstein. Understanding and Meaning*. Volume 1 of *An Analytical Commentary on the* Philosophical Investigations - *Exegesis §§1-184*, 2ª ed. P. M. S. Hacker. Oxford: Blackwell.

— (2009): *Wittgenstein: Rules, Grammar and Necessity: Essays and Exegesis of 185-242*, 2ª ed. P. M. S. Hacker. Oxford: Blackwell.

FRAZER, James George (1922): *The Golden Bough: a Study in Magic and Religion*. Abridged edition, 1 vol. Londres: Macmillan & Co.

GARVER, N. (1996): «Philosophy as Grammar», en H. Sluga y D. Stern (eds.), *The Cambridge Companion to Wittgenstein*, Nueva York/Cambridge: Cambridge University Press, pp. 139-170.

GIER, N. F. (1981): *Wittgenstein and Phenomenology. A Comparative Study of the Later Wittgenstein, Husserl, Heidegger and Merleau-Ponty*. Albany: State University of New York Press.

— (1990): «Wittgenstein's Phenomenology Revisited», en *Philosophy Today*, 34:3, pp. 273-288.

GLOCK, H.-J. (1991): «*Philosophical Investigations* section 128: "Theses in Philosophy" and Undogmatic Procedure», en R. L. Arrington y H.-J. Glock (eds.), *Wittgenstein's* Philosophical Investigations. *Text and Context*. Londres: Routledge, pp. 69-88.

HACKER, P. M. S. (1972): *Insight and Illusion. Wittgenstein on Philosophy and the Metaphysics of Experience*. Oxford: Clarendon Press.

— (1992): «Developmental Hypotheses and Perspicuous Representations: Wittgenstein on Frazer's *Golden Bough*», en *Iyyun: The Jerusalem Philosophical Quarterly*, 41, pp. 77-299. También en Hacker, 2001, pp. 74-97.

— (1996): «The Arbitrariness of Grammar and the Bounds of Sense». *Wittgenstein: Mind and Will*. Volume 4 de *An Analytic Commentary on the* Philosophical Investigations. Oxford: Blackwell.

— (2001): *Wittgenstein: Connections and Controversies*. Oxford: Clarendon Press.

— (2010): «Wittgenstein's Anthropological and Ethnological Approach», en J. Padilla Gálvez (ed.), *Philosophical Anthropology. Wittgenstein's Perspective*. Frankfurt: Ontos Verlag, pp. 15-32. Traducido en este volumen.

HUTCHINSON, P. y READ, R. (2008): «Toward a Perspicuous Presentation of "Perspicuous Presentation"», en *Philosophical Investigations*, 31, pp. 141-160.

PADILLA GÁLVEZ, J. (2008): «Phenomenology as Grammar. An Introduction», en J. Padilla Gálvez (ed.), *Phenomenology as Grammar*. Frankfurt: Ontos Verlag, pp. 7-14.

— (2010): «Philosophical Anthropology. An Introduction», en J. Padilla Gálvez (ed.), *Philosophical Anthropology. Wittgenstein's Perspective*. Frankfurt: Ontos Verlag, pp. 7-14.

PICHLER, A. (2004): *Wittgensteins* Philosophische Untersuchungen. *Vom Buch zum Album*. Amsterdam: Rodopi.

PLESSNER, Helmuth (2003): *Die Stufen des Organischen und der Mensch*, en *Gesammelten Schriften*, vol. IV. Frankfurt: Suhrkamp.

VENTURINHA, Nuno (2010): «Wittgenstein and the Natural History of Human Beings», en J. Padilla Gálvez (ed.), *Philosophical Anthropology. Wittgenstein's Perspective*. Frankfurt: Ontos Verlag, pp. 91-111.

VON SAVIGNY, Eike (1988): *Wittgenstein* Philosophische Untersuchungen. *Ein Kommentar für Leser*. Band I, Abschnitte 1 bis 315. Frankfurt: Vittorio Klostermann.

ABREVIATURAS

AWL: Ambrose, A.: *Wittgenstein's Lectures.* Cambridge, 1932-1935

BF: *Bemerkungen über die Farben*

BGM: *Bemerkungen über die Grundlagen der Mathematik*

BPP: *Bemerkungen über die Philosophie der Psychologie*

BT: *The Big Typescript*

BB: *The Blue and Brown Books*

CV: *Culture and Value*

IF: *Investigaciones Filosóficas*

LCA: *Lectures and Conversations on Aesthetics, Psychology and Religious Belief*

LE: *Lectures on Ethics*

LFM: *Lectures on the Foundations of Mathematics*

LO: *Letters to Ogden*

LRKM: *Letters to Russell, Keynes and Moore*

LWPP: *Last Writings on the Philosophy of Psychology*

LWL: Lee, D. *Wittgenstein's Lectures.* Cambridge, 1930-1932

MSS: *Wittgenstein's Nachlass.* The Bergen Electronic Edition

MWL: Moore, G. E. *Wittgenstein's Lectures.* Cambridge, 1930-1933

NB: *Notebooks, 1914-1916*

NL: *Notes for Lectures on Private Experience and Sensedata*

OC: *On Certainty*

PB: *Philosophische Bemerkungen*

PG: *Philosophische Grammatik / Philosophical Grammar*
PI: *Philosophical Investigations*
PO: *Philosophical Occasions, 1912-1951*
PR: *Philosophical Remarks*
PU: *Philosophische Untersuchungen*
PT: *Prototractatus*
RC: *Remarks on Color*
RFM: *Remarks on the Foundations of Mathematics*
RPP: *Remarks on the Philosophy of Psychology*
RLF: *Some Remarks on Logical Form*
TB: *Tagebücher, 1914-1916*
TLP: *Tractatus Logico-Philosophicus*
TSS: *Wittgenstein's Nachlass.* The Bergen Electronic Edition
ÜG: *Über Gewißheit*
VB: *Vermischte Bemerkungen / Culture and Value*
VW: *The Voices of Wittgenstein. The Vienna Circle*
WL: *Wittgenstein's Lectures*
WN: *Wittgenstein's Nachlass*
WWK: *Wittgenstein und der Wiener Kreis*
Z: *Zettel*

BIOGRAFÍAS DE LOS AUTORES

PETER MICHAEL STEPHAN HACKER (1939) es un filósofo británico. Conocido por su exégesis detallada de la obra de Ludwig Wittgenstein, y su abierta crítica de la filosofía basada en la neurociencia. Peter Hacker estudió filosofía, política y economía en The Queen's College, Oxford. Su tesis de doctorado se tituló *Reglas y Responsabilidades*. Desde 1966 ha sido profesor en el St. John's Collage de Oxford y del departamento de filosofía de la Universidad de Oxford. P. M. S. Hacker es uno de los exponentes contemporáneos más influyentes del enfoque lingüístico-terapéutico de la filosofía de Ludwig Wittgenstein. En este enfoque, las palabras y los conceptos utilizados por la comunidad lingüística son considerados como hechos, y la filosofía se encarga de resolver o disolver los problemas filosóficos, dando una visión general de los usos de estas palabras y las relaciones estructurales entre estos conceptos. Entre sus numerosos libros y trabajos de investigación hay que resaltar: *Insight and Illusion: Wittgenstein on Philosophy and the Metaphysics of Experience* (Clarendon Press, Oxford, 1972); *Wittgenstein: Understanding and Meaning*, Volume 1 of an analytical commentary on the Philosophical Investigations (Blackwell, Oxford, and Chicago University Press, Chicago, 1980 (Coautor G. P. Baker)); *Frege: Logical Excavations*, (Blackwell, Oxford, O. U. P., N.Y., 1984 [Coautor G. P. Baker]); *Language, Sense and Nonsense, a critical investigation into modern theories of language* (Blackwell, 1984 (Coautor G. P. Baker)); *Scepticism, Rules and Language* (Blackwell, 1984 (Coautor G. P. Baker)); *Wittgenstein: Rules, Grammar, and Necessity* – Volume 2 of an analytical commentary on the Philosophical Investigations (Blackwell, Oxford, UK and Cambridge, Mass. USA, 1985 (Coautor G. P. Baker)); *Appearance and Reality – a philosophical investigation into perception and perceptual qualities* (Blackwell, 1987); *Wittgenstein: Meaning and Mind*, Volume 3 of an Analytical Commentary on the Philosophical Investigations (Blackwell, Oxford and Cambridge, Mass., 1990); *Wittgenstein: Mind and Will*, Volume 4 of an Analytical Commentary on the Philosophical Investigations (Blackwell, 1996); *Wittgenstein's Place in Twentieth Century Analytic Philosophy* (Blackwell,Oxford, UK and Cambridge, Mass., USA, 1996); *Wittgenstein on Human Nature* (Weidenfeld and Nicolson, London, 1997); *Wittgenstein: Connections and Controversies* (Clarendon Press, Oxford, 2001); *Philosophical Foundations of Neuroscience* (Blackwell, Oxford, and Malden, Mass., 2003 (Coautor M. R. Bennett)); *Neuroscience and Philosophy: Brain, Mind, and Language* (Columbia University Press, New York, 2007 (Coautor M. Bennett, D. Dennett, and J. Searle); *Human Nature: The Categorial Framework* (Blackwell, 2007); *History of Cognitive Neuroscience* (Wiley, Blackwell, 2008 (Coautor M. R. Bennett)).

Vicente Sanfélix Vidarte (1957). Obtuvo su licenciatura en la Universidad de Valencia (1979) y su doctorado también en la Universidad de Valencia (1983), donde ha enseñado desde 1979. Es catedrático en la Universidad de Valencia. Sus principales intereses son la epistemología, la filosofía de la mente y la historia moderna y contemporánea de la filosofía. Fue galardonado con el «Premio Extraordinario de licenciatura» y el «Premio Extraordinario de Doctorado» por su Universidad (1980 y 1984, respectivamente). Ha sido Presidente de la Sociedad Académica de Filosofía a lo largo de los años 2005-2009. Es miembro de comités científicos nacionales y de varias revistas extranjeras así como director de determinadas series de filosofía. Entre sus trabajos más relevantes se encuentra: Luigi Perissinotto & Vicente Sanfélix (Eds.), *Doubt, Ethics and Religion. Wittgenstein and the Counter-Enligthenment.* Frankfurt. Ontos Verlag; Gerardo López Sastre & Vicente Sanfélix (Eds.). (Forthcoming), *Hume. Número monográfico con motivo del III Centenario de su nacimiento.* Universidad de Murcia. *Daimon. Revista internacional de Filosofía*; Noemí Calabuig & Vicente Sanfélix. 2010 *Etica e Logica.* Weininger e Wittgenstein in L. Perissinotto (Eds.), *Un filosofo senza trampoli. Saggi sulla filosofia di Ludwig Wittgenstein.* Milano. Mimesis Edizione. 287-306; Vicente Sanfélix. 2009 «La filosofía de un héroe», en *L.*

Wittgenstein, Cuadernos de notas (1914-1916). Madrid. Síntesis. 9-59; Vicente Sanfélix. 2009 «Was Wittgenstein a liberal?», en K. Wojciechowski & J. C. Joerden (Eds.), *Ethical Liberalism in Contemporary Societies.* Frankfurt. Peter Lang. 117-137; Vicente Sanfélix. 2008 «Anti-anti-historicismo» in A. J. Perona (eds.), *Contratando a Popper.* Madrid. Biblioteca Nueva. 87-124; Vicente Sanfélix. 2008 «Insiemi diffusi e predicati improiettabili: la questione nazionale» in L. Ruggiu & F. Mora (Eds.), *Identité, differenze, conflitti.* Milano. Mimesis Edizione. 147-167; Vicente Sanfélix. 2008 «Relativism, Truth and the Crisis of Epistemology», en P. Nerhot (Ed.), *Truth and Judgment.* Milano. Franco Angeli. 161-180; Vicente Sanfélix. 2004 «Introducción, comentarios y notas», en: D. Hume, *Una investigación sobre el entendimiento humano.* Madrid. Istmo; Vicente Sanfélix. 2003 *Mente y conocimiento.* Madrid. Biblioteca Nueva. 1-413.

ALEJANDRO TOMASINI BASSOLS (1952) es un filósofo mexicano, investigador del Instituto de Investigaciones Filosóficas de la UNAM, profesor de filosofía en la Facultad de Filosofía y Letras, miembro del Sistema Nacional de Investigadores. Tomasini realizó sus estudios en la carrera de licenciatura en filosofía en la Facultad de Filosofía y Letras de la Universidad Nacional Autónoma de México. Se graduó con mención honorífica con la tesis *Introducción a la Filosofía Social de Bertrand Russell.* Después de ser becario en el Instituto de Investigaciones Filosóficas de la UNAM, obtuvo el grado de Doctor en la Universidad de Varsovia con una tesis sobre *El Atomismo Lógico de Bertrand Russell.* Cursó estudios después en la prestigiosa Universidad de Oxford, en el Keble College, como él mismo señala en su libro *Los Atomismos Lógicos de Russell y Wittgenstein.* Allí obtuvo el grado de *Master of Letters* con la tesis *A Comparative Study of Russell's & Wittgenstein's Logical Atomisms,* dirigida por el biógrafo, traductor del *Tractatus Logico-Philosophicus* y académico de Wittgenstein Brian McGuiness. Entre sus libros se puede resaltar: *Los atomismos lógicos de Russell y Wittgenstein* (México: Instituto de Investigaciones Filosóficas, UNAM, 1986); *El pensamiento del último Wittgenstein* (México: Trillas, 1988); *Una introducción al pensamiento de Bertrand Russell* (Zacatecas: Universidad Autónoma de Zacatecas, 1992); *Lenguaje y anti-metafísica. Cavilaciones wittgensteinianas.* 2ª edición, corregida y aumentada (México: Plaza y Valdés, 2005); *Ensayos de filosofía de la psicología* (Guadalajara: Universidad de Guadalajara, 1995); *Enigmas filosóficos y filosofía wittgensteiniana* (México: Grupo Editorial Interlínea, 1996). 2ª edición (México: Édere, 2002); *Significado y denotación. La polémica Russell-Frege*. Prólogo, selección, traducción y notas de ATB (México: Grupo Editorial Interlínea, 1996); *Nuevos ensayos de filosofía de la religión* (México: JGH Editores, 1999); *Teoría del conocimiento clásica y epistemología Wittgensteiniana* (México: Plaza y Valdés, 2001); *Estudios sobre las filosofías de wittgenstein* (México: Plaza y Valdés, 2003); *Filosofía analítica: un panorama* (México: Plaza y Valdés, 2004).

LARS HERTZBERG (1943). Profesor emérito de filosofía en la Universidad Abo Akademi, en Åbo / Turku, Finlandia. Miembro de la minoría de habla sueca en Finlandia. Recibió el grado de Kandidat filosofie (equivalente al MA) en la Universidad de Helsinki en 1967, y el de doctorado en la Universidad de Cornell en 1970. Sus supervisores fueron Erik Stenius (en Helsinki) y Norman Malcolm (Universidad de Cornell). Hertzberg ha enseñado en la Universidad de Helsinki y la Universidad de Arizona. Fue titular de la cátedra de filosofía en Åbo entre 1984 y 2007. Ha sido profesor visitante en las Universidades de Gales, Lampeter, y de Oregón. La tesis doctoral de Hertzberg se tituló *Explicaciones de la conducta*. Publica asiduamente en revistas anglosajonas, en sueco y finlandés. Se ocupa de cuestiones acerca de la filosofía del lenguaje, la epistemología, ética, filosofía de las humanidades y el pensamiento de Wittgenstein. Algunos de los artículos Hertzberg se publicaron en una colección con el título «Los límites de la Experiencia» (*Acta Philosophica Fennica*, 1994). Ha traducido parte de la obra de Wittgenstein al sueco (Über Gewissheit, Vermischte Bemerkungen, es co-traductor del cuaderno Azul y los libros marrón). Ha editado la colección «Essäer om Wittgenstein» (en sueco), y con Martin Gustafsson, «La Práctica de la Lengua» (Kluwer, 2002). Durante doce años escribió una columna regular para el diario Åbo Underrättelser. Actualmente investiga acerca de la voluntad ética (ética y psicología filosófica), y sobre «tener algo que decir» (filosofía del lenguaje).

MAGDALENA HOLGUÍN. MA en Filosofía de la Universidad de Georgetown. Ex decana y profesora de la Facultad de Filosofía de la Universidad del Rosario y del Departamento de Filosofía de la Universidad Nacional. Miembro de la Sociedad Colombiana de Filosofía. Ha traducido múltiples libros sobre filosofía y ciencias sociales al español. Entre sus traducciones se destacan: *La Investigación sobre el entendimiento humano (Inquiry Concerning Human Understanding* de David Hume); *Los fantasmas del capitalismo. Una crítica de las modas intelectuales contemporáneas* (Samir Amin); *La demanda de la filosofía: ¿qué quiere la filosofía y qué podemos querer de ella?* (Jacques Bouveresse). Bogotá: Siglo del Hombre Editores, 2001; Simbolismo religioso / Louis Dupré; versión castellana de Magdalena Holguín. Barcelona: Herder, D. L. 1998; *Democracia y desconfianza: una teoría del control constitucional.* (ELY, John) Santafé de Bogotá: Siglo del Hombre Editores, Magdalena Holguín (trad.), 1997; *Iustitia Interupta (FRASER Nancy), Siglo del Hombre Editores, Santafé de Bogotá. 1997.* Entre sus publicaciones se cuentan los textos: *Del espejo a las herramientas.* Siglo del Hombre Editores: Pontificia Universidad Javeriana: Universidad Nacional de Colombia 2003; Wittgenstein y el escepticismo. Trabajo docente U. N. 1991.

WITOLD JACORZYNSKI CERAN. Doctor en Antropología (Universidad de Varsovia, Polonia). Su línea de investigación se centra en la antropología médica. Trabaja actualmente en un proyecto sobre ambiente, salud y enfermedad en el que se analizan los sistemas médicos en la sociedad pluricultural. En dicho proyecto investiga sobre la influencia del medio ambiente en la salud y enfermedad de los habitantes de las comunidades indígenas en los Altos de Chiapas y los migrantes de éstas en el estado de Veracruz. El proyecto estudia las formas de vida de los migrantes tzotziles a la ciudad de Jalapa, Veracruz, a través de sus narrativas. Entre sus libros destaca: *Crepúsculo de los ídolos en la antropología social \más allá de Malinowski y los posmodernistas* México, DF: Centro de Investigaciones y Estudios Superiores en Antropología Social: 2004; «En la cueva de la locura: aportación de Ludwig Wittgenstein a la antropología social».

FRANCISCO JAVIER SÁDABA GARAY (1940). Filosofo español. Se licenció en Filosofía y Letras (sección filosofía) por la Universidad Pontificia de Salamanca. También es licenciado en Teología por la Universidad Gregoriana de Roma y en Filosofía y Letras (sección filosofía) por la Universidad Complutense de Madrid. Es Doctor en Filosofía y Letras (sección filosofía), por la Universidad Autónoma de Madrid, universidad por la que consiguió el premio extraordinario a su doctorado por la tesis titulada: *El concepto de filosofía en Ludwig Wittgenstein y su aplicación al lenguaje religioso*. Ha sido profesor en diferentes universidades del mundo. Actualmente ejerce como Catedrático de Ética y Filosofía de la Religión en la Universidad Autónoma de Madrid. Ha trabajado también en Filosofía de la Religión y Filosofía Lingüística, temáticas en las que se destacan sus aportaciones al campo de la bioética.

JESÚS PADILLA GÁLVEZ (1959). Realizó sus estudios de filosofía en la Facultad de Filosofía de la Universidad de Colonia. Se graduó como «Magister Artium» sobre la filosofía de Immanuel Kant. Posteriormente, escribió su tesis en la Universidad de Colonia con el titulo *Referencia y teoría de los mundos posibles (Referenz und Theorie der möglichen Welten)*. En dicho libro se analizan las propuestas lógico-semánticas y modales de Saul Kripke. Ha sido profesor en las universidades de León, Johannes Kepler Universität de Linz (Austria) y la Universidad de Castilla-La Mancha. Ha sido Profesor invitado en múltiples instituciones universitarias, entre las que cabe destacar, la Universidad de Erlangen-Nürnberg (Alemania), la Universität Graz (Austria), la Universität Potsdam (Alemania), en la Cambridge University (Gran Bretaña), en la Universität Passau (Alemania), en la Universität München (Alemania) y en la Oxford University (Gran Bretaña). Ha publicado *Referenz und Theorie der möglischen Welten* (1989), *Tratado metateórico de las teorías científicas* (2000); *Wittgenstein, from a New Point of View* (2003); *Spanienknigge. Sozioökonomische Einführung in die Interkulturalität* (2005), *Verdad y demostración* (2007), *Wittgenstein I. Lecturas tractarianas* (2009). Ha editado los siguientes volúmenes: *El Círculo de Viena, reconsiderado* (1996), *Wittgenstein y el Círculo de Viena / Wittgenstein und der Wiener Kreis* (1998), *Wittgenstein, from a New Point of View* (2003), *El laberinto del lenguaje: Wittgenstein y la filosofía analítica / The Labyrinth of Language: Ludwig Wittgenstein and the Analytic Philosophy* (2007), *Wittgenstein und der Idealismus* (2007), *Phenomenology as Grammar* (2008); *Wittgenstein I. Lecturas Tractarianas* (2009); *Igualdad en el Derecho y la Moral* (2009); *Philosophical Anthropology. Wittgenstein's Perspectivas* (2010); *Wittgenstein: Issues and Debates* (con Eric Lemaire [2010]
). Además de múltiples artículos y reseñas en revistas nacionales y extranjeras.